ALBANÉS
VOCABULARIO

PALABRAS MÁS USADAS

ESPAÑOL-
ALBANÉS

Las palabras más útiles
Para expandir su vocabulario y refinar
sus habilidades lingüísticas

5000 palabras

Vocabulario Español-Albanés - 5000 palabras más usadas
por Andrey Taranov

Los vocabularios de T&P Books buscan ayudar en el aprendizaje, la memorización y la revisión de palabras de idiomas extranjeros. El diccionario se divide por temas, cubriendo toda la esfera de las actividades cotidianas, de negocios, ciencias, cultura, etc.

El proceso de aprendizaje de palabras utilizando los diccionarios temáticos de T&P Books le proporcionará a usted las siguientes ventajas:

- La información del idioma secundario está organizada claramente y predetermina el éxito para las etapas subsiguientes en la memorización de palabras.
- Las palabras derivadas de la misma raíz se agrupan, lo cual permite la memorización de grupos de palabras en vez de palabras aisladas.
- Las unidades pequeñas de palabras facilitan el proceso de reconocimiento de enlaces de asociación que se necesitan para la cohesión del vocabulario.
- De este modo, se puede estimar el número de palabras aprendidas y así también el nivel de conocimiento del idioma.

Copyright © 2018 T&P Books Publishing

Todos los derechos reservados. Ninguna porción de este libro puede reproducirse o utilizarse de ninguna manera o por ningún medio; sea electrónico o mecánico, lo cual incluye la fotocopia, grabación o información almacenada y sistemas de recuperación, sin el permiso escrito de la editorial.

T&P Books Publishing
www.tpbooks.com

ISBN: 978-1-78767-025-9

Este libro está disponible en formato electrónico o de E-Book también.
Visite www.tpbooks.com o las librerías electrónicas más destacadas en la Red.

VOCABULARIO ALBANÉS
palabras más usadas

Los vocabularios de T&P Books buscan ayudar al aprendiz a aprender, memorizar y repasar palabras de idiomas extranjeros. Los vocabularios contienen más de 5000 palabras comúnmente usadas y organizadas de manera temática.

- El vocabulario contiene las palabras corrientes más usadas.
- Se recomienda como ayuda adicional a cualquier curso de idiomas.
- Capta las necesidades de aprendices de nivel principiante y avanzado.
- Es conveniente para uso cotidiano, prácticas de revisión y actividades de auto-evaluación.
- Facilita la evaluación del vocabulario.

Aspectos claves del vocabulario

- Las palabras se organizan según el significado, no según el orden alfabético.
- Las palabras se presentan en tres columnas para facilitar los procesos de repaso y auto-evaluación.
- Los grupos de palabras se dividen en pequeñas secciones para facilitar el proceso de aprendizaje.
- El vocabulario ofrece una transcripción sencilla y conveniente de cada palabra extranjera.

El vocabulario contiene 155 temas que incluyen lo siguiente:

Conceptos básicos, números, colores, meses, estaciones, unidades de medidas, ropa y accesorios, comida y nutrición, restaurantes, familia nuclear, familia extendida, características de personalidad, sentimientos, emociones, enfermedades, la ciudad y el pueblo, exploración del paisaje, compras, finanzas, la casa, el hogar, la oficina, el trabajo en oficina, importación y exportación, promociones, búsqueda de trabajo, deportes, educación, computación, la red, herramientas, la naturaleza, los países, las nacionalidades y más ...

TABLA DE CONTENIDO

Guía de pronunciación	9
Abreviaturas	10

CONCEPTOS BÁSICOS 11
Conceptos básicos. Unidad 1 11

1. Los pronombres 11
2. Saludos. Salutaciones. Despedidas 11
3. Modos del trato: Como dirigirse a otras personas 12
4. Números cardinales. Unidad 1 12
5. Números cardinales. Unidad 2 13
6. Números ordinales 14
7. Números. Fracciones 14
8. Números. Operaciones básicas 14
9. Números. Miscelánea 14
10. Los verbos más importantes. Unidad 1 15
11. Los verbos más importantes. Unidad 2 16
12. Los verbos más importantes. Unidad 3 17
13. Los verbos más importantes. Unidad 4 18
14. Los colores 19
15. Las preguntas 19
16. Las preposiciones 20
17. Las palabras útiles. Los adverbios. Unidad 1 20
18. Las palabras útiles. Los adverbios. Unidad 2 22

Conceptos básicos. Unidad 2 24

19. Los días de la semana 24
20. Las horas. El día y la noche 24
21. Los meses. Las estaciones 25
22. Las unidades de medida 27
23. Contenedores 28

EL SER HUMANO 29
El ser humano. El cuerpo 29

24. La cabeza 29
25. El cuerpo 30

La ropa y los accesorios 31

26. La ropa exterior. Los abrigos 31
27. Men's & women's clothing 31

28. La ropa. La ropa interior	32
29. Gorras	32
30. El calzado	32
31. Accesorios personales	33
32. La ropa. Miscelánea	33
33. Productos personales. Cosméticos	34
34. Los relojes	35

La comida y la nutrición 36

35. La comida	36
36. Las bebidas	37
37. Las verduras	38
38. Las frutas. Las nueces	39
39. El pan. Los dulces	40
40. Los platos al horno	40
41. Las especias	41
42. Las comidas	42
43. Los cubiertos	43
44. El restaurante	43

La familia nuclear, los parientes y los amigos 44

45. La información personal. Los formularios	44
46. Los familiares. Los parientes	44

La medicina 46

47. Las enfermedades	46
48. Los síntomas. Los tratamientos. Unidad 1	47
49. Los síntomas. Los tratamientos. Unidad 2	48
50. Los síntomas. Los tratamientos. Unidad 3	49
51. Los médicos	50
52. La medicina. Las drogas. Los accesorios	50

EL AMBIENTE HUMANO 52
La ciudad 52

53. La ciudad. La vida en la ciudad	52
54. Las instituciones urbanas	53
55. Los avisos	54
56. El transporte urbano	55
57. La exploración del paisaje	56
58. Las compras	57
59. El dinero	58
60. La oficina de correos	59

La vivienda. La casa. El hogar 60

61. La casa. La electricidad	60

62. La villa. La mansión	60
63. El apartamento	60
64. Los muebles. El interior	61
65. Los accesorios de la cama	62
66. La cocina	62
67. El baño	63
68. Los aparatos domésticos	64

LAS ACTIVIDADES DE LA GENTE   65
El trabajo. Los negocios. Unidad 1   65

69. La oficina. El trabajo de oficina	65
70. Los métodos de los negocios. Unidad 1	66
71. Los métodos de los negocios. Unidad 2	67
72. La producción. Los trabajos	68
73. El contrato. El acuerdo	69
74. Importación y Exportación	70
75. Las finanzas	70
76. La mercadotecnia	71
77. La publicidad	72
78. La banca	72
79. El teléfono. Las conversaciones telefónicas	73
80. El teléfono celular	74
81. Los artículos de escritorio	74
82. Tipos de negocios	75

El trabajo. Los negocios. Unidad 2   77

83. El espectáculo. La exhibición	77
84. La ciencia. La investigación. Los científicos	78

Las profesiones y los oficios   80

85. La búsqueda de trabajo. El despido del trabajo	80
86. Los negociantes	80
87. Los trabajos de servicio	81
88. La profesión militar y los rangos	82
89. Los oficiales. Los sacerdotes	83
90. Las profesiones agrícolas	83
91. Las profesiones artísticas	84
92. Profesiones diversas	84
93. Los trabajos. El estatus social	86

La educación   87

94. La escuela	87
95. Los institutos. La Universidad	88
96. Las ciencias. Las disciplinas	89
97. Los sistemas de escritura. La ortografía	89
98. Los idiomas extranjeros	90

Los restaurantes. El entretenimiento. El viaje	92
99. El viaje. Viajar	92
100. El hotel	92

EL EQUIPO TÉCNICO. EL TRANSPORTE 94
El equipo técnico 94

101. El computador	94
102. El internet. El correo electrónico	95
103. La electricidad	96
104. Las herramientas	96

El transporte 99

105. El avión	99
106. El tren	100
107. El barco	101
108. El aeropuerto	102

Acontecimentos de la vida 104

109. Los días festivos. Los eventos	104
110. Los funerales. El entierro	105
111. La guerra. Los soldados	105
112. La guerra. Las maniobras militares. Unidad 1	106
113. La guerra. Las maniobras militares. Unidad 2	108
114. Las armas	109
115. Los pueblos antiguos	111
116. La edad media	111
117. El líder. El jefe. Las autoridades	113
118. Violar la ley. Los criminales. Unidad 1	114
119. Violar la ley. Los criminales. Unidad 2	115
120. La policía. La ley. Unidad 1	116
121. La policía. La ley. Unidad 2	117

LA NATURALEZA 119
La tierra. Unidad 1 119

122. El espacio	119
123. La tierra	120
124. Los puntos cardinales	121
125. El mar. El océano	121
126. Los nombres de los mares y los océanos	122
127. Las montañas	123
128. Los nombres de las montañas	124
129. Los ríos	124
130. Los nombres de los ríos	125
131. El bosque	125
132. Los recursos naturales	126

La tierra. Unidad 2 — 128

133. El tiempo — 128
134. Los eventos climáticos severos. Los desastres naturales — 129

La fauna — 130

135. Los mamíferos. Los predadores — 130
136. Los animales salvajes — 130
137. Los animales domésticos — 131
138. Los pájaros — 132
139. Los peces. Los animales marinos — 134
140. Los anfibios. Los reptiles — 134
141. Los insectos — 135

La flora — 136

142. Los árboles — 136
143. Los arbustos — 136
144. Las frutas. Las bayas — 137
145. Las flores. Las plantas — 138
146. Los cereales, los granos — 139

LOS PAÍSES. LAS NACIONALIDADES — 140

147. Europa occidental — 140
148. Europa central y oriental — 140
149. Los países de la antes Unión Soviética — 141
150. Asia — 141
151. América del Norte — 142
152. Centroamérica y Sudamérica — 142
153. África — 143
154. Australia. Oceanía — 143
155. Las ciudades — 143

GUÍA DE PRONUNCIACIÓN

T&P alfabeto fonético	Ejemplo albanés	Ejemplo español
[a]	flas [flas]	radio
[e], [ɛ]	melodi [mɛlodí]	princesa
[ə]	kërkoj [kərkój]	llave
[i]	pikë [píkə]	ilegal
[o]	motor [motór]	bordado
[u]	fuqi [fucí]	mundo
[y]	myshk [myʃk]	pluma
[b]	brakë [brákə]	en barco
[c]	oqean [ocɛán]	porche
[d]	adoptoj [adoptój]	desierto
[dz]	lexoj [lɛdzój]	inglés kids
[dʒ]	xham [dʒam]	jazz
[ð]	dhomë [ðómə]	alud
[f]	i fortë [i fórtə]	golf
[g]	bullgari [buɫgarí]	jugada
[h]	jaht [jáht]	registro
[j]	hyrje [hýrjɛ]	asiento
[ɟ]	zgjedh [zɟɛð]	guía
[k]	korik [korík]	charco
[l]	lëviz [ləvíz]	lira
[ɫ]	shkallë [ʃkáɫə]	hablar
[m]	medalje [mɛdáljɛ]	nombre
[n]	klan [klan]	número
[ɲ]	spanjoll [spaɲóɫ]	leña
[ŋ]	trung [truŋ]	rincón
[p]	polici [politsí]	precio
[r]	i erët [i érət]	era, alfombra
[ɾ]	groshë [gróʃə]	pero
[s]	spital [spitál]	salva
[ʃ]	shes [ʃɛs]	shopping
[t]	tapet [tapét]	torre
[ts]	batica [batítsa]	tsunami
[tʃ]	kaçube [katʃúbɛ]	mapache
[v]	javor [javór]	travieso
[z]	horizont [horizónt]	desde
[ʒ]	kuzhinë [kuʒínə]	adyacente
[θ]	përkthej [pərkθéj]	pinzas

ABREVIATURAS
usadas en el vocabulario

Abreviatura en español

adj	-	adjetivo
adv	-	adverbio
anim.	-	animado
conj	-	conjunción
etc.	-	etcétera
f	-	sustantivo femenino
f pl	-	femenino plural
fam.	-	uso familiar
fem.	-	femenino
form.	-	uso formal
inanim.	-	inanimado
innum.	-	innumerable
m	-	sustantivo masculino
m pl	-	masculino plural
m, f	-	masculino, femenino
masc.	-	masculino
mat	-	matemáticas
mil.	-	militar
num.	-	numerable
p.ej.	-	por ejemplo
pl	-	plural
pron	-	pronombre
sg	-	singular
v aux	-	verbo auxiliar
vi	-	verbo intransitivo
vi, vt	-	verbo intransitivo, verbo transitivo
vr	-	verbo reflexivo
vt	-	verbo transitivo

Abreviatura en albanés

f	-	sustantivo femenino
m	-	sustantivo masculino
pl	-	plural

CONCEPTOS BÁSICOS

Conceptos básicos. Unidad 1

1. Los pronombres

yo	Unë, mua	[unə], [múa]
tú	ti, ty	[ti], [ty]
él	ai	[aí]
ella	ajo	[ajó]
ello	ai	[aí]
nosotros, -as	ne	[nɛ]
vosotros, -as	ju	[ju]
ellos	ata	[atá]
ellas	ato	[ató]

2. Saludos. Salutaciones. Despedidas

¡Hola! (fam.)	Përshëndetje!	[pərʃəndétjɛ!]
¡Hola! (form.)	Përshëndetje!	[pərʃəndétjɛ!]
¡Buenos días!	Mirëmëngjes!	[mirəmənɟés!]
¡Buenas tardes!	Mirëdita!	[mirədíta!]
¡Buenas noches!	Mirëmbrëma!	[mirəmbréma!]
decir hola	përshëndes	[pərʃəndés]
¡Hola! (a un amigo)	Ç'kemi!	[tʃkémi!]
saludo (m)	përshëndetje (f)	[pərʃəndétjɛ]
saludar (vt)	përshëndes	[pərʃəndés]
¿Cómo estáis?	Si jeni?	[si jéni?]
¿Cómo estás?	Si je?	[si jɛ?]
¿Qué hay de nuevo?	Çfarë ka të re?	[tʃfárə ká tə ré?]
¡Hasta la vista! (form.)	Mirupafshim!	[mirupáfʃim!]
¡Hasta la vista! (fam.)	U pafshim!	[u páfʃim!]
¡Hasta pronto!	Shihemi së shpejti!	[ʃíhɛmi sə ʃpéjti!]
¡Adiós!	Lamtumirë!	[lamtumírə!]
despedirse (vr)	përshëndetem	[pərʃəndétɛm]
¡Hasta luego!	Tungjatjeta!	[tunɟatjéta!]
¡Gracias!	Faleminderit!	[falɛmindérit!]
¡Muchas gracias!	Faleminderit shumë!	[falɛmindérit ʃúmə!]
De nada	Të lutem	[tə lútɛm]
No hay de qué	Asgjë!	[asɟə́!]
De nada	Asgjë	[asɟə́]

¡Disculpa!	Më fal!	[mə fal!]
¡Disculpe!	Më falni!	[mə fálni!]
disculpar (vt)	fal	[fal]

disculparse (vr)	kërkoj falje	[kərkój fáljɛ]
Mis disculpas	Kërkoj ndjesë	[kərkój ndjésə]
¡Perdóneme!	Më vjen keq!	[mə vjɛn kɛc!]
perdonar (vt)	fal	[fal]
¡No pasa nada!	S'ka gjë!	[s'ka jə!]
por favor	të lutem	[tə lútɛm]

¡No se le olvide!	Mos harro!	[mos haró!]
¡Ciertamente!	Sigurisht!	[siguríʃt!]
¡Claro que no!	Sigurisht që jo!	[siguríʃt cə jo!]
¡De acuerdo!	Në rregull!	[nə réguɫ!]
¡Basta!	Mjafton!	[mjaftón!]

3. Modos del trato: Como dirigirse a otras personas

¡Perdóneme!	Më falni, …	[mə fálni, …]
señor	zotëri	[zotərí]
señora	zonjë	[zóɲə]
señorita	zonjushë	[zoɲúʃə]
joven	djalë i ri	[djálə i rí]
niño	djalosh	[djalóʃ]
niña	vajzë	[vájzə]

4. Números cardinales. Unidad 1

cero	zero	[zéro]
uno	një	[ɲə]
dos	dy	[dy]
tres	tre	[trɛ]
cuatro	katër	[kátər]

cinco	pesë	[pésə]
seis	gjashtë	[ɟáʃtə]
siete	shtatë	[ʃtátə]
ocho	tetë	[tétə]
nueve	nëntë	[nəntə]

diez	dhjetë	[ðjétə]
once	njëmbëdhjetë	[ɲəmbəðjétə]
doce	dymbëdhjetë	[dymbəðjétə]
trece	trembëdhjetë	[trɛmbəðjétə]
catorce	katërmbëdhjetë	[katərmbəðjétə]

quince	pesëmbëdhjetë	[pɛsəmbəðjétə]
dieciséis	gjashtëmbëdhjetë	[ɟaʃtəmbəðjétə]
diecisiete	shtatëmbëdhjetë	[ʃtatəmbəðjétə]
dieciocho	tetëmbëdhjetë	[tɛtəmbəðjétə]
diecinueve	nëntëmbëdhjetë	[nəntəmbəðjétə]

veinte	njëzet	[ɲəzét]
veintiuno	njëzet e një	[ɲəzét ɛ ɲə]
veintidós	njëzet e dy	[ɲəzét ɛ dy]
veintitrés	njëzet e tre	[ɲəzét ɛ trɛ]

treinta	tridhjetë	[triðjétə]
treinta y uno	tridhjetë e një	[triðjétə ɛ ɲə]
treinta y dos	tridhjetë e dy	[triðjétə ɛ dy]
treinta y tres	tridhjetë e tre	[triðjétə ɛ trɛ]

cuarenta	dyzet	[dyzét]
cuarenta y uno	dyzet e një	[dyzét ɛ ɲə]
cuarenta y dos	dyzet e dy	[dyzét ɛ dy]
cuarenta y tres	dyzet e tre	[dyzét ɛ trɛ]

cincuenta	pesëdhjetë	[pɛsəðjétə]
cincuenta y uno	pesëdhjetë e një	[pɛsəðjétə ɛ ɲə]
cincuenta y dos	pesëdhjetë e dy	[pɛsəðjétə ɛ dy]
cincuenta y tres	pesëdhjetë e tre	[pɛsəðjétə ɛ trɛ]

sesenta	gjashtëdhjetë	[ʝaʃtəðjétə]
sesenta y uno	gjashtëdhjetë e një	[ʝaʃtəðjétə ɛ ɲə]
sesenta y dos	gjashtëdhjetë e dy	[ʝaʃtəðjétə ɛ dý]
sesenta y tres	gjashtëdhjetë e tre	[ʝaʃtəðjétə ɛ tré]

setenta	shtatëdhjetë	[ʃtatəðjétə]
setenta y uno	shtatëdhjetë e një	[ʃtatəðjétə ɛ ɲə]
setenta y dos	shtatëdhjetë e dy	[ʃtatəðjétə ɛ dy]
setenta y tres	shtatëdhjetë e tre	[ʃtatəðjétə ɛ trɛ]

ochenta	tetëdhjetë	[tɛtəðjétə]
ochenta y uno	tetëdhjetë e një	[tɛtəðjétə ɛ ɲə]
ochenta y dos	tetëdhjetë e dy	[tɛtəðjétə ɛ dy]
ochenta y tres	tetëdhjetë e tre	[tɛtəðjétə ɛ trɛ]

noventa	nëntëdhjetë	[nəntəðjétə]
noventa y uno	nëntëdhjetë e një	[nəntəðjétə ɛ ɲə]
noventa y dos	nëntëdhjetë e dy	[nəntəðjétə ɛ dy]
noventa y tres	nëntëdhjetë e tre	[nəntəðjétə ɛ trɛ]

5. Números cardinales. Unidad 2

cien	njëqind	[ɲəcínd]
doscientos	dyqind	[dycínd]
trescientos	treqind	[trɛcínd]
cuatrocientos	katërqind	[katərcínd]
quinientos	pesëqind	[pɛsəcínd]

seiscientos	gjashtëqind	[ʝaʃtəcínd]
setecientos	shtatëqind	[ʃtatəcínd]
ochocientos	tetëqind	[tɛtəcínd]
novecientos	nëntëqind	[nəntəcínd]
mil	një mijë	[ɲə míjə]
dos mil	dy mijë	[dy míjə]

tres mil	tre mijë	[trɛ míjə]
diez mil	dhjetë mijë	[ðjétə míjə]
cien mil	njëqind mijë	[ɲəcínd míjə]
millón (m)	milion (m)	[milión]
mil millones	miliardë (f)	[miliárdə]

6. Números ordinales

primero (adj)	i pari	[i pári]
segundo (adj)	i dyti	[i dýti]
tercero (adj)	i treti	[i tréti]
cuarto (adj)	i katërti	[i kátərti]
quinto (adj)	i pesti	[i pésti]
sexto (adj)	i gjashti	[i ʝáʃti]
séptimo (adj)	i shtati	[i ʃtáti]
octavo (adj)	i teti	[i téti]
noveno (adj)	i nënti	[i nénti]
décimo (adj)	i dhjeti	[i ðjéti]

7. Números. Fracciones

fracción (f)	thyesë (f)	[θýɛsə]
un medio	gjysma	[ʝýsma]
un tercio	një e treta	[nə ɛ tréta]
un cuarto	një e katërta	[nə ɛ kátərta]
un octavo	një e teta	[nə ɛ téta]
un décimo	një e dhjeta	[nə ɛ ðjéta]
dos tercios	dy të tretat	[dy tə trétat]
tres cuartos	tre të katërtat	[trɛ tə kátərtat]

8. Números. Operaciones básicas

sustracción (f)	zbritje (f)	[zbrítjɛ]
sustraer (vt)	zbres	[zbrɛs]
división (f)	pjesëtim (m)	[pjɛsətím]
dividir (vt)	pjesëtoj	[pjɛsətój]
adición (f)	mbledhje (f)	[mbléðjɛ]
sumar (totalizar)	shtoj	[ʃtoj]
adicionar (vt)	mbledh	[mbléð]
multiplicación (f)	shumëzim (m)	[ʃumə zím]
multiplicar (vt)	shumëzoj	[ʃumə zój]

9. Números. Miscelánea

cifra (f)	shifër (f)	[ʃífər]
número (m) (~ cardinal)	numër (m)	[númər]

numeral (m)	numerik (m)	[numɛrík]
menos (m)	minus (m)	[minús]
más (m)	plus (m)	[plus]
fórmula (f)	formulë (f)	[formúlə]
cálculo (m)	llogaritje (f)	[ɫogarítjɛ]
contar (vt)	numëroj	[numərój]
calcular (vt)	llogaris	[ɫogarís]
comparar (vt)	krahasoj	[krahasój]
¿Cuánto?	Sa?	[sa?]
suma (f)	shuma (f)	[ʃúma]
resultado (m)	rezultat (m)	[rɛzultát]
resto (m)	mbetje (f)	[mbétjɛ]
algunos, algunas ...	disa	[disá]
poco (adv)	pak	[pak]
poco (num.)	disa	[disá]
poco (innum.)	pak	[pak]
resto (m)	mbetje (f)	[mbétjɛ]
uno y medio	një e gjysmë (f)	[nə ɛ ɟýsmə]
docena (f)	dyzinë (f)	[dyzínə]
en dos	përgjysmë	[pərɟýsmə]
en partes iguales	gjysmë për gjysmë	[ɟýsmə pər ɟýsmə]
mitad (f)	gjysmë (f)	[ɟýsmə]
vez (f)	herë (f)	[hérə]

10. Los verbos más importantes. Unidad 1

abrir (vt)	hap	[hap]
acabar, terminar (vt)	përfundoj	[pərfundój]
aconsejar (vt)	këshilloj	[kəʃiɫój]
adivinar (vt)	hamendësoj	[hamɛndəsój]
advertir (vt)	paralajmëroj	[paralajmərój]
alabarse, jactarse (vr)	mburrem	[mbúrɛm]
almorzar (vi)	ha drekë	[ha drékə]
alquilar (~ una casa)	marr me qira	[mar mɛ cirá]
amenazar (vt)	kërcënoj	[kərtsənój]
arrepentirse (vr)	pendohem	[pɛndóhɛm]
ayudar (vt)	ndihmoj	[ndihmój]
bañarse (vr)	notoj	[notój]
bromear (vi)	bëj shaka	[bəj ʃaká]
buscar (vt)	kërkoj ...	[kərkój ...]
caer (vi)	bie	[bíɛ]
callarse (vr)	hesht	[hɛʃt]
cambiar (vt)	ndryshoj	[ndryʃój]
castigar, punir (vt)	ndëshkoj	[ndəʃkój]
cavar (vt)	gërmoj	[gərmój]
cazar (vi, vt)	dal për gjah	[dál pər ɟáh]
cenar (vi)	ha darkë	[ha dárkə]

cesar (vt)	ndaloj	[ndalój]
coger (vt)	kap	[kap]
comenzar (vt)	filloj	[fiłój]

comparar (vt)	krahasoj	[krahasój]
comprender (vt)	kuptoj	[kuptój]
confiar (vt)	besoj	[bɛsój]
confundir (vt)	ngatërroj	[ŋatərój]
conocer (~ a alguien)	njoh	[ɲóh]
contar (vt) (enumerar)	numëroj	[numərój]

contar con ...	mbështetem ...	[mbəʃtétɛm ...]
continuar (vt)	vazhdoj	[vaʒdój]
controlar (vt)	kontrolloj	[kontrołój]
correr (vi)	vrapoj	[vrapój]
costar (vt)	kushton	[kuʃtón]
crear (vt)	krijoj	[krijój]

11. Los verbos más importantes. Unidad 2

dar (vt)	jap	[jap]
dar una pista	aludoj	[aludój]
decir (vt)	them	[θɛm]
decorar (para la fiesta)	zbukuroj	[zbukurój]

defender (vt)	mbroj	[mbrój]
dejar caer	lëshoj	[ləʃój]
desayunar (vi)	ha mëngjes	[ha mənɟés]
descender (vi)	zbres	[zbrɛs]

dirigir (administrar)	drejtoj	[drɛjtój]
disculpar (vt)	fal	[fal]
disculparse (vr)	kërkoj falje	[kərkój fáljɛ]
discutir (vt)	diskutoj	[diskutój]
dudar (vt)	dyshoj	[dyʃój]

encontrar (hallar)	gjej	[ɟéj]
engañar (vi, vt)	mashtroj	[maʃtrój]
entrar (vi)	hyj	[hyj]
enviar (vt)	dërgoj	[dərgój]

equivocarse (vr)	gaboj	[gabój]
escoger (vt)	zgjedh	[zɟɛð]
esconder (vt)	fsheh	[fʃéh]
escribir (vt)	shkruaj	[ʃkrúaj]
esperar (aguardar)	pres	[prɛs]

esperar (tener esperanza)	shpresoj	[ʃprɛsój]
estar de acuerdo	bie dakord	[bíɛ dakórd]
estudiar (vt)	studioj	[studiój]

exigir (vt)	kërkoj	[kərkój]
existir (vi)	ekzistoj	[ɛkzistój]
explicar (vt)	shpjegoj	[ʃpjɛgój]

| faltar (a las clases) | humbas | [humbás] |
| firmar (~ el contrato) | nënshkruaj | [nənʃkrúaj] |

girar (~ a la izquierda)	kthej	[kθɛj]
gritar (vi)	bërtas	[bərtás]
guardar (conservar)	mbaj	[mbáj]
gustar (vi)	pëlqej	[pəlcéj]
hablar (vi, vt)	flas	[flas]

hacer (vt)	bëj	[bəj]
informar (vt)	informoj	[informój]
insistir (vi)	këmbëngul	[kəmbəŋúl]
insultar (vt)	fyej	[fýɛj]

interesarse (vr)	interesohem ...	[intɛrɛsóhɛm ...]
invitar (vt)	ftoj	[ftoj]
ir (a pie)	ec në këmbë	[ɛts nə kémbə]
jugar (divertirse)	luaj	[lúaj]

12. Los verbos más importantes. Unidad 3

leer (vi, vt)	lexoj	[lɛdzój]
liberar (ciudad, etc.)	çliroj	[tʃirój]
llamar (por ayuda)	thërras	[θərás]
llegar (vi)	arrij	[aríj]
llorar (vi)	qaj	[caj]

matar (vt)	vras	[vras]
mencionar (vt)	përmend	[pərménd]
mostrar (vt)	tregoj	[trɛgój]
nadar (vi)	notoj	[notój]

negarse (vr)	refuzoj	[rɛfuzój]
objetar (vt)	kundërshtoj	[kundərʃtój]
observar (vt)	vëzhgoj	[vəʒgój]
oír (vt)	dëgjoj	[dəɟój]

olvidar (vt)	harroj	[harój]
orar (vi)	lutem	[lútɛm]
ordenar (mil.)	urdhëroj	[urðərój]
pagar (vi, vt)	paguaj	[pagúaj]
pararse (vr)	ndaloj	[ndalój]

participar (vi)	marr pjesë	[mar pjésə]
pedir (ayuda, etc.)	pyes	[pýɛs]
pedir (en restaurante)	porosis	[porosís]
pensar (vi, vt)	mendoj	[mɛndój]

percibir (ver)	vërej	[vəréj]
perdonar (vt)	fal	[fal]
permitir (vt)	lejoj	[lɛjój]
pertenecer a ...	përkas ...	[pərkás ...]
planear (vt)	planifikoj	[planifikój]
poder (v aux)	mund	[mund]

poseer (vt)	zotëroj	[zotərój]
preferir (vt)	preferoj	[prɛfɛrój]
preguntar (vt)	pyes	[pýɛs]

preparar (la cena)	gatuaj	[gatúaj]
prever (vt)	parashikoj	[paraʃikój]
probar, tentar (vt)	përpiqem	[pərpícɛm]
prometer (vt)	premtoj	[prɛmtój]
pronunciar (vt)	shqiptoj	[ʃciptój]

proponer (vt)	propozoj	[propozój]
quebrar (vt)	ndahem	[ndáhɛm]
quejarse (vr)	ankohem	[ankóhɛm]
querer (amar)	dashuroj	[daʃurój]
querer (desear)	dëshiroj	[dəʃirój]

13. Los verbos más importantes. Unidad 4

recomendar (vt)	rekomandoj	[rɛkomandój]
regañar, reprender (vt)	qortoj	[cortój]
reírse (vr)	qesh	[cɛʃ]
repetir (vt)	përsëris	[pərsərís]
reservar (~ una mesa)	rezervoj	[rɛzɛrvój]
responder (vi, vt)	përgjigjem	[pərɟíɟɛm]

robar (vt)	vjedh	[vjɛð]
saber (~ algo mas)	di	[di]
salir (vi)	dal	[dal]
salvar (vt)	shpëtoj	[ʃpətój]
seguir ...	ndjek ...	[ndjék ...]
sentarse (vr)	ulem	[úlɛm]

ser necesario	nevojitet	[nɛvojítɛt]
ser, estar (vi)	jam	[jam]
significar (vt)	nënkuptoj	[nənkuptój]
sonreír (vi)	buzëqesh	[buzəcéʃ]
sorprenderse (vr)	çuditem	[tʃudítɛm]

subestimar (vt)	nënvlerësoj	[nənvlɛrəsój]
tener (vt)	kam	[kam]
tener hambre	kam uri	[kam urí]
tener miedo	kam frikë	[kam fríkə]

tener prisa	nxitoj	[ndzitój]
tener sed	kam etje	[kam étjɛ]
tirar, disparar (vi)	qëlloj	[cəɫój]
tocar (con las manos)	prek	[prɛk]
tomar (vt)	marr	[mar]
tomar nota	mbaj shënim	[mbáj ʃəním]

trabajar (vi)	punoj	[punój]
traducir (vt)	përkthej	[pərkθéj]
unir (vt)	bashkoj	[baʃkój]
vender (vt)	shes	[ʃɛs]

ver (vt)	shikoj	[ʃikój]
volar (pájaro, avión)	fluturoj	[fluturój]

14. Los colores

color (m)	ngjyrë (f)	[ɲjýrə]
matiz (m)	nuancë (f)	[nuántsə]
tono (m)	tonalitet (m)	[tonalitét]
arco (m) iris	ylber (m)	[ylbér]
blanco (adj)	e bardhë	[ɛ bárðə]
negro (adj)	e zezë	[ɛ zézə]
gris (adj)	gri	[gri]
verde (adj)	jeshile	[jɛʃílɛ]
amarillo (adj)	e verdhë	[ɛ vérðə]
rojo (adj)	e kuqe	[ɛ kúcɛ]
azul (adj)	blu	[blu]
azul claro (adj)	bojëqielli	[bojəciéti]
rosa (adj)	rozë	[rózə]
naranja (adj)	portokalli	[portokáti]
violeta (adj)	bojëvjollcë	[bojəvjóttsə]
marrón (adj)	kafe	[káfɛ]
dorado (adj)	e artë	[ɛ ártə]
argentado (adj)	e argjendtë	[ɛ aɲɟéndtə]
beige (adj)	bezhë	[béʒə]
crema (adj)	krem	[krɛm]
turquesa (adj)	e bruztë	[ɛ brúztə]
rojo cereza (adj)	qershi	[cɛrʃí]
lila (adj)	jargavan	[jargaván]
carmesí (adj)	e kuqe e thellë	[ɛ kúcɛ ɛ θétə]
claro (adj)	e hapur	[ɛ hápur]
oscuro (adj)	e errët	[ɛ érət]
vivo (adj)	e ndritshme	[ɛ ndrítʃmɛ]
de color (lápiz ~)	e ngjyrosur	[ɛ ɲjyrósur]
en colores (película ~)	ngjyrë	[ɲjýrə]
blanco y negro (adj)	bardhë e zi	[bárðə ɛ zi]
unicolor (adj)	njëngjyrëshe	[nəɲjýrəʃɛ]
multicolor (adj)	shumëngjyrëshe	[ʃumənjýrəʃɛ]

15. Las preguntas

¿Quién?	Kush?	[kuʃ?]
¿Qué?	Çka?	[tʃká?]
¿Dónde?	Ku?	[ku?]
¿Adónde?	Për ku?	[pər ku?]
¿De dónde?	Nga ku?	[ŋa ku?]

¿Cuándo?	Kur?	[kuɾ?]
¿Para qué?	Pse?	[psɛ?]
¿Por qué?	Pse?	[psɛ?]

¿Por qué razón?	Për çfarë arsye?	[pər tʃfárə arsýɛ?]
¿Cómo?	Si?	[si?]
¿Qué ...? (~ color)	Çfarë?	[tʃfárə?]
¿Cuál?	Cili?	[tsíli?]

¿A quién?	Kujt?	[kújt?]
¿De quién? (~ hablan ...)	Për kë?	[pər kə?]
¿De qué?	Për çfarë?	[pər tʃfárə?]
¿Con quién?	Me kë?	[mɛ kə?]

| ¿Cuánto? | Sa? | [sa?] |
| ¿De quién? | Të kujt? | [tə kujt?] |

16. Las preposiciones

con ... (~ algn)	me	[mɛ]
sin ... (~ azúcar)	pa	[pa]
a ... (p.ej. voy a México)	për në	[pər nə]
de ... (hablar ~)	për	[pər]
antes de ...	përpara	[pərpára]
delante de ...	para ...	[pára ...]

debajo de ...	nën	[nən]
sobre ..., encima de ...	mbi	[mbí]
en, sobre (~ la mesa)	mbi	[mbí]
de (origen)	nga	[ŋa]
de (fabricado de)	nga	[ŋa]

| dentro de ... | për | [pər] |
| encima de ... | sipër | [sípər] |

17. Las palabras útiles. Los adverbios. Unidad 1

¿Dónde?	Ku?	[ku?]
aquí (adv)	këtu	[kətú]
allí (adv)	atje	[atjé]

| en alguna parte | diku | [dikú] |
| en ninguna parte | askund | [askúnd] |

| junto a ... | afër | [áfər] |
| junto a la ventana | tek dritarja | [tɛk dritárja] |

¿A dónde?	Për ku?	[pər ku?]
aquí (venga ~)	këtu	[kətú]
allí (vendré ~)	atje	[atjé]
de aquí (adv)	nga këtu	[ŋa kətú]
de allí (adv)	nga atje	[ŋa atjɛ]

cerca (no lejos)	pranë	[pránə]
lejos (adv)	larg	[larg]

cerca de ...	afër	[áfər]
al lado (de ...)	pranë	[pránə]
no lejos (adv)	jo larg	[jo lárg]

izquierdo (adj)	majtë	[májtə]
a la izquierda (situado ~)	majtas	[májtas]
a la izquierda (girar ~)	në të majtë	[nə tə májtə]

derecho (adj)	djathtë	[djáθtə]
a la derecha (situado ~)	djathtas	[djáθtas]
a la derecha (girar)	në të djathtë	[nə tə djáθtə]

delante (yo voy ~)	përballë	[pərbáɫə]
delantero (adj)	i përparmë	[i pərpármə]
adelante (movimiento)	përpara	[pərpára]

detrás de ...	prapa	[prápa]
desde atrás	nga prapa	[ŋa prápa]
atrás (da un paso ~)	pas	[pas]

centro (m), medio (m)	mes (m)	[mɛs]
en medio (adv)	në mes	[nə mɛs]

de lado (adv)	në anë	[nə anə]
en todas partes	kudo	[kúdo]
alrededor (adv)	përreth	[pəréθ]

de dentro (adv)	nga brenda	[ŋa brénda]
a alguna parte	diku	[dikú]
todo derecho (adv)	drejt	[dréjt]
atrás (muévelo para ~)	pas	[pas]

de alguna parte (adv)	nga kudo	[ŋa kúdo]
no se sabe de dónde	nga diku	[ŋa dikú]

primero (adv)	së pari	[sə pári]
segundo (adv)	së dyti	[sə dýti]
tercero (adv)	së treti	[sə tréti]

de súbito (adv)	befas	[béfas]
al principio (adv)	në fillim	[nə fiɫím]
por primera vez	për herë të parë	[pər hérə tə párə]
mucho tiempo antes ...	shumë përpara ...	[ʃúmə pərpára ...]
de nuevo (adv)	sërish	[səríʃ]
para siempre (adv)	një herë e mirë	[nə hérə ɛ mírə]

jamás, nunca (adv)	kurrë	[kúrə]
de nuevo (adv)	përsëri	[pərsərí]
ahora (adv)	tani	[táni]
frecuentemente (adv)	shpesh	[ʃpɛʃ]
entonces (adv)	atëherë	[atəhérə]
urgentemente (adv)	urgjent	[urɟént]
usualmente (adv)	zakonisht	[zakoníʃt]

a propósito, ...	meqë ra fjala, ...	[mécə ra fjála, ...]
es probable	ndoshta	[ndóʃta]
probablemente (adv)	mundësisht	[mundəsíʃt]
tal vez	mbase	[mbásɛ]
además ...	përveç	[pərvétʃ]
por eso ...	ja përse ...	[ja pərsé ...]
a pesar de ...	pavarësisht se ...	[pavarəsíʃt sɛ ...]
gracias a ...	falë ...	[fálə ...]
qué (pron)	çfarë	[tʃfárə]
que (conj)	që	[cə]
algo (~ le ha pasado)	diçka	[ditʃká]
algo (~ así)	ndonji gjë	[ndoɲí jə]
nada (f)	asgjë	[asɟé]
quien	kush	[kuʃ]
alguien (viene ~)	dikush	[dikúʃ]
alguien (¿ha llamado ~?)	dikush	[dikúʃ]
nadie	askush	[askúʃ]
a ninguna parte	askund	[askúnd]
de nadie	i askujt	[i askújt]
de alguien	i dikujt	[i dikújt]
tan, tanto (adv)	aq	[ác]
también (~ habla francés)	gjithashtu	[ɟiθaʃtú]
también (p.ej. Yo ~)	gjithashtu	[ɟiθaʃtú]

18. Las palabras útiles. Los adverbios. Unidad 2

¿Por qué?	Pse?	[psɛ?]
no se sabe porqué	për një arsye	[pər ɲə arsýɛ]
porque ...	sepse ...	[sɛpsé ...]
por cualquier razón (adv)	për ndonjë shkak	[pər ndóɲə ʃkak]
y (p.ej. uno y medio)	dhe	[ðɛ]
o (p.ej. té o café)	ose	[ósɛ]
pero (p.ej. me gusta, ~)	por	[por]
para (p.ej. es para ti)	për	[pər]
demasiado (adv)	tepër	[tépər]
sólo, solamente (adv)	vetëm	[vétəm]
exactamente (adv)	pikërisht	[pikəríʃt]
unos ..., cerca de ... (~ 10 kg)	rreth	[rɛθ]
aproximadamente	përafërsisht	[pərafərsíʃt]
aproximado (adj)	përafërt	[pəráfərt]
casi (adv)	pothuajse	[poθúajsɛ]
resto (m)	mbetje (f)	[mbétjɛ]
el otro (adj)	tjetri	[tjétri]
otro (p.ej. el otro día)	tjetër	[tjétər]
cada (adj)	çdo	[tʃdo]

cualquier (adj)	çfarëdo	[tʃfarədó]
mucho (innum.)	shumë	[ʃúmə]
mucho (num.)	disa	[disá]
muchos (mucha gente)	shumë njerëz	[ʃúmə ɲérəz]
todos	të gjithë	[tə ɟíθə]

a cambio de ...	në vend të ...	[nə vénd tə ...]
en cambio (adv)	në shkëmbim të ...	[nə ʃkəmbím tə ...]
a mano (hecho ~)	me dorë	[mɛ dórə]
poco probable	vështirë se ...	[vəʃtírə sɛ ...]

probablemente	mundësisht	[mundəsíʃt]
a propósito (adv)	me qëllim	[mɛ cəɫím]
por accidente (adv)	aksidentalisht	[aksidɛntalíʃt]

muy (adv)	shumë	[ʃúmə]
por ejemplo (adv)	për shembull	[pər ʃémbuɫ]
entre (~ nosotros)	midis	[midís]
entre (~ otras cosas)	rreth	[rɛθ]
tanto (~ gente)	kaq shumë	[kác ʃúmə]
especialmente (adv)	veçanërisht	[vɛtʃanəríʃt]

Conceptos básicos. Unidad 2

19. Los días de la semana

lunes (m)	E hënë (f)	[ɛ hénə]
martes (m)	E martë (f)	[ɛ mártə]
miércoles (m)	E mërkurë (f)	[ɛ mərkúrə]
jueves (m)	E enjte (f)	[ɛ éɲtɛ]
viernes (m)	E premte (f)	[ɛ prémtɛ]
sábado (m)	E shtunë (f)	[ɛ ʃtúnə]
domingo (m)	E dielë (f)	[ɛ díɛlə]
hoy (adv)	sot	[sot]
mañana (adv)	nesër	[nésər]
pasado mañana	pasnesër	[pasnésər]
ayer (adv)	dje	[djé]
anteayer (adv)	pardje	[pardjé]
día (m)	ditë (f)	[dítə]
día (m) de trabajo	ditë pune (f)	[dítə púnɛ]
día (m) de fiesta	festë kombëtare (f)	[féstə kombətárɛ]
día (m) de descanso	ditë pushim (m)	[dítə puʃím]
fin (m) de semana	fundjavë (f)	[fundjávə]
todo el día	gjithë ditën	[ɟíθə dítən]
al día siguiente	ditën pasardhëse	[dítən pasárðəsɛ]
dos días atrás	dy ditë më parë	[dy dítə mə párə]
en vísperas (adv)	një ditë më parë	[ɲə dítə mə párə]
diario (adj)	ditor	[ditór]
cada día (adv)	çdo ditë	[tʃdo dítə]
semana (f)	javë (f)	[jávə]
semana (f) pasada	javën e kaluar	[jávən ɛ kalúar]
semana (f) que viene	javën e ardhshme	[jávən ɛ árðʃmɛ]
semanal (adj)	javor	[javór]
cada semana (adv)	çdo javë	[tʃdo jávə]
2 veces por semana	dy herë në javë	[dy hérə nə jávə]
todos los martes	çdo të martë	[tʃdo tə mártə]

20. Las horas. El día y la noche

mañana (f)	mëngjes (m)	[mənɟés]
por la mañana	në mëngjes	[nə mənɟés]
mediodía (m)	mesditë (f)	[mɛsdítə]
por la tarde	pasdite	[pasdítɛ]
noche (f)	mbrëmje (f)	[mbrémjɛ]
por la noche	në mbrëmje	[nə mbrémjɛ]

noche (f) (p.ej. 2:00 a.m.)	natë (f)	[nátə]
por la noche	natën	[nátən]
medianoche (f)	mesnatë (f)	[mɛsnátə]

segundo (m)	sekondë (f)	[sɛkóndə]
minuto (m)	minutë (f)	[minútə]
hora (f)	orë (f)	[órə]
media hora (f)	gjysmë ore (f)	[ɟýsmə órɛ]
cuarto (m) de hora	çerek ore (m)	[tʃɛrék órɛ]
quince minutos	pesëmbëdhjetë minuta	[pɛsəmbəðjétə minúta]
veinticuatro horas	24 orë	[ɲəzét ɛ kátər órə]

salida (f) del sol	agim (m)	[agím]
amanecer (m)	agim (m)	[agím]
madrugada (f)	mëngjes herët (m)	[mənɟés hérət]
puesta (f) del sol	perëndim dielli (m)	[pɛrəndím diétɨ]

de madrugada	herët në mëngjes	[hérət nə mənɟés]
esta mañana	sot në mëngjes	[sot nə mənɟés]
mañana por la mañana	nesër në mëngjes	[nésər nə mənɟés]

esta tarde	sot pasdite	[sot pasdítɛ]
por la tarde	pasdite	[pasdítɛ]
mañana por la tarde	nesër pasdite	[nésər pasdítɛ]

| esta noche (p.ej. 8:00 p.m.) | sonte në mbrëmje | [sóntɛ nə mbrəmjɛ] |
| mañana por la noche | nesër në mbrëmje | [nésər nə mbrémjɛ] |

a las tres en punto	në orën 3 fiks	[nə órən trɛ fiks]
a eso de las cuatro	rreth orës 4	[rɛθ órəs kátər]
para las doce	deri në orën 12	[déri nə órən dymbəðjétə]

dentro de veinte minutos	për 20 minuta	[pər ɲəzét minúta]
dentro de una hora	për një orë	[pər ɲə órə]
a tiempo (adv)	në orar	[nə orár]

... menos cuarto	çerek ...	[tʃɛrék ...]
durante una hora	brenda një ore	[brénda ɲə órɛ]
cada quince minutos	çdo 15 minuta	[tʃdo pɛsəmbəðjétə minúta]
día y noche	gjithë ditën	[ɟíθə dítən]

21. Los meses. Las estaciones

enero (m)	Janar (m)	[janár]
febrero (m)	Shkurt (m)	[ʃkurt]
marzo (m)	Mars (m)	[mars]
abril (m)	Prill (m)	[pritɨ]
mayo (m)	Maj (m)	[maj]
junio (m)	Qershor (m)	[cɛrʃór]

julio (m)	Korrik (m)	[korík]
agosto (m)	Gusht (m)	[guʃt]
septiembre (m)	Shtator (m)	[ʃtatór]
octubre (m)	Tetor (m)	[tɛtór]

noviembre (m)	Nëntor (m)	[nəntór]
diciembre (m)	Dhjetor (m)	[ðjɛtór]

primavera (f)	pranverë (f)	[pranvérə]
en primavera	në pranverë	[nə pranvérə]
de primavera (adj)	pranveror	[pranvɛrór]

verano (m)	verë (f)	[vérə]
en verano	në verë	[nə vérə]
de verano (adj)	veror	[vɛrór]

otoño (m)	vjeshtë (f)	[vjéʃtə]
en otoño	në vjeshtë	[nə vjéʃtə]
de otoño (adj)	vjeshtor	[vjéʃtor]

invierno (m)	dimër (m)	[dímər]
en invierno	në dimër	[nə dímər]
de invierno (adj)	dimëror	[dimərór]

mes (m)	muaj (m)	[múaj]
este mes	këtë muaj	[kətə múaj]
al mes siguiente	muajin tjetër	[múajin tjétər]
el mes pasado	muajin e kaluar	[múajin ɛ kalúar]

hace un mes	para një muaji	[pára ɲə múaji]
dentro de un mes	pas një muaji	[pas ɲə múaji]
dentro de dos meses	pas dy muajsh	[pas dy múajʃ]
todo el mes	gjithë muajin	[ɟíθə múajin]
todo un mes	gjatë gjithë muajit	[ɟátə ɟíθə múajit]

mensual (adj)	mujor	[mujór]
mensualmente (adv)	mujor	[mujór]
cada mes	çdo muaj	[tʃdo múaj]
dos veces por mes	dy herë në muaj	[dy hérə nə múaj]

año (m)	vit (m)	[vit]
este año	këtë vit	[kətə vít]
el próximo año	vitin tjetër	[vítin tjétər]
el año pasado	vitin e kaluar	[vítin ɛ kalúar]

hace un año	para një viti	[pára ɲə víti]
dentro de un año	për një vit	[pər ɲə vit]
dentro de dos años	për dy vite	[pər dy vítɛ]
todo el año	gjithë vitin	[ɟíθə vítin]
todo un año	gjatë gjithë vitit	[ɟátə ɟíθə vítit]

cada año	çdo vit	[tʃdo vít]
anual (adj)	vjetor	[vjɛtór]
anualmente (adv)	çdo vit	[tʃdo vít]
cuatro veces por año	4 herë në vit	[kátər hérə nə vit]

fecha (f) (la ~ de hoy es ...)	datë (f)	[dátə]
fecha (f) (~ de entrega)	data (f)	[dáta]
calendario (m)	kalendar (m)	[kalɛndár]
medio año (m)	gjysmë viti	[ɟýsmə víti]
seis meses	gjashtë muaj	[ɟáʃtə múaj]

| estación (f) | stinë (f) | [stínə] |
| siglo (m) | shekull (m) | [ʃékuɫ] |

22. Las unidades de medida

peso (m)	peshë (f)	[péʃə]
longitud (f)	gjatësi (f)	[ɟatəsí]
anchura (f)	gjerësi (f)	[ɟɛrəsí]
altura (f)	lartësi (f)	[lartəsí]
profundidad (f)	thellësi (f)	[θɛɫəsí]
volumen (m)	vëllim (m)	[vəɫím]
área (f)	sipërfaqe (f)	[sipərfácɛ]

gramo (m)	gram (m)	[gram]
miligramo (m)	miligram (m)	[miligrám]
kilogramo (m)	kilogram (m)	[kilográm]
tonelada (f)	ton (m)	[ton]
libra (f)	paund (m)	[páund]
onza (f)	ons (m)	[ons]

metro (m)	metër (m)	[métər]
milímetro (m)	milimetër (m)	[milimétər]
centímetro (m)	centimetër (m)	[tsɛntimétər]
kilómetro (m)	kilometër (m)	[kilométər]
milla (f)	milje (f)	[míljɛ]

pulgada (f)	inç (m)	[intʃ]
pie (m)	këmbë (f)	[kémbə]
yarda (f)	jard (m)	[járd]

| metro (m) cuadrado | metër katror (m) | [métər katrór] |
| hectárea (f) | hektar (m) | [hɛktár] |

litro (m)	litër (m)	[lítər]
grado (m)	gradë (f)	[grádə]
voltio (m)	volt (m)	[volt]
amperio (m)	amper (m)	[ampér]
caballo (m) de fuerza	kuaj-fuqi (f)	[kúaj-fucí]

cantidad (f)	sasi (f)	[sasí]
un poco de ...	pak ...	[pak ...]
mitad (f)	gjysmë (f)	[ɟýsmə]

| docena (f) | dyzinë (f) | [dyzínə] |
| pieza (f) | copë (f) | [tsópə] |

| dimensión (f) | madhësi (f) | [maðəsí] |
| escala (f) (del mapa) | shkallë (f) | [ʃkáɫə] |

mínimo (adj)	minimale	[minimálɛ]
el más pequeño (adj)	më i vogli	[mə i vógli]
medio (adj)	i mesëm	[i mésəm]
máximo (adj)	maksimale	[maksimálɛ]
el más grande (adj)	më i madhi	[mə i máði]

23. Contenedores

tarro (m) de vidrio	kavanoz (m)	[kavanóz]
lata (f) de hojalata	kanoçe (f)	[kanótʃɛ]
cubo (m)	kovë (f)	[kóvə]
barril (m)	fuçi (f)	[futʃí]
palangana (f)	legen (m)	[lɛgén]
tanque (m)	tank (m)	[tank]
petaca (f) (de alcohol)	faqore (f)	[facórɛ]
bidón (m) de gasolina	bidon (m)	[bidón]
cisterna (f)	cisternë (f)	[tsistérnə]
taza (f) (mug de cerámica)	tas (m)	[tas]
taza (f) (~ de café)	filxhan (m)	[fildʒán]
platillo (m)	pjatë filxhani (f)	[pjátə fildʒáni]
vaso (m) (~ de agua)	gotë (f)	[gótə]
copa (f) (~ de vino)	gotë vere (f)	[gótə vérɛ]
olla (f)	tenxhere (f)	[tɛndʒérɛ]
botella (f)	shishe (f)	[ʃíʃɛ]
cuello (m) de botella	grykë	[grýkə]
garrafa (f)	brokë (f)	[brókə]
jarro (m) (~ de agua)	shtambë (f)	[ʃtámbə]
recipiente (m)	enë (f)	[énə]
tarro (m)	enë (f)	[énə]
florero (m)	vazo (f)	[vázo]
frasco (m) (~ de perfume)	shishe (f)	[ʃíʃɛ]
frasquito (m)	shishkë (f)	[ʃíʃkə]
tubo (m)	tubet (f)	[tubét]
saco (m) (~ de azúcar)	thes (m)	[θɛs]
bolsa (f) (~ plástica)	qese (f)	[césɛ]
paquete (m) (~ de cigarrillos)	paketë (f)	[pakétə]
caja (f)	kuti (f)	[kutí]
cajón (m) (~ de madera)	arkë (f)	[árkə]
cesta (f)	shportë (f)	[ʃpórtə]

EL SER HUMANO

El ser humano. El cuerpo

24. La cabeza

cabeza (f)	kokë (f)	[kókə]
cara (f)	fytyrë (f)	[fytýrə]
nariz (f)	hundë (f)	[húndə]
boca (f)	gojë (f)	[gójə]
ojo (m)	sy (m)	[sy]
ojos (m pl)	sytë	[sýtə]
pupila (f)	bebëz (f)	[bébəz]
ceja (f)	vetull (f)	[vétuɫ]
pestaña (f)	qerpik (m)	[cɛrpík]
párpado (m)	qepallë (f)	[cɛpáɫə]
lengua (f)	gjuhë (f)	[ɟúhə]
diente (m)	dhëmb (m)	[ðəmb]
labios (m pl)	buzë (f)	[búzə]
pómulos (m pl)	mollëza (f)	[móɫəza]
encía (f)	mishrat e dhëmbëve	[míʃrat ɛ ðəmbəvɛ]
paladar (m)	qiellzë (f)	[ciéɫzə]
ventanas (f pl)	vrimat e hundës (pl)	[vrímat ɛ húndəs]
mentón (m)	mjekër (f)	[mjékər]
mandíbula (f)	nofull (f)	[nófuɫ]
mejilla (f)	faqe (f)	[fácɛ]
frente (f)	ball (m)	[báɫ]
sien (f)	tëmth (m)	[təmθ]
oreja (f)	vesh (m)	[vɛʃ]
nuca (f)	zverk (m)	[zvɛrk]
cuello (m)	qafë (f)	[cáfə]
garganta (f)	fyt (m)	[fyt]
pelo, cabello (m)	flokë (pl)	[flókə]
peinado (m)	model flokësh (m)	[modél flókəʃ]
corte (m) de pelo	prerje flokësh (f)	[prérjɛ flókəʃ]
peluca (f)	paruke (f)	[parúkɛ]
bigote (m)	mustaqe (f)	[mustácɛ]
barba (f)	mjekër (f)	[mjékər]
tener (~ la barba)	lë mjekër	[lə mjékər]
trenza (f)	gërshet (m)	[gərʃét]
patillas (f pl)	baseta (f)	[baséta]
pelirrojo (adj)	flokëkuqe	[flokəkúcɛ]
gris, canoso (adj)	thinja	[θíɲa]

| calvo (adj) | qeros | [cɛrós] |
| calva (f) | tullë (f) | [túɫə] |

| cola (f) de caballo | bishtalec (m) | [biʃtaléts] |
| flequillo (m) | balluke (f) | [baɫúkɛ] |

25. El cuerpo

| mano (f) | dorë (f) | [dórə] |
| brazo (m) | krah (m) | [krah] |

dedo (m)	gisht i dorës (m)	[gíʃt i dórəs]
dedo (m) del pie	gisht i këmbës (m)	[gíʃt i kə́mbəs]
dedo (m) pulgar	gishti i madh (m)	[gíʃti i máð]
dedo (m) meñique	gishti i vogël (m)	[gíʃti i vógəl]
uña (f)	thua (f)	[θúa]

puño (m)	grusht (m)	[grúʃt]
palma (f)	pëllëmbë dore (f)	[pəɫə́mbə dórɛ]
muñeca (f)	kyç (m)	[kytʃ]
antebrazo (m)	parakrah (m)	[parakráh]
codo (m)	bërryl (m)	[bərýl]
hombro (m)	shpatull (f)	[ʃpátuɫ]

pierna (f)	këmbë (f)	[kə́mbə]
planta (f)	shputë (f)	[ʃpútə]
rodilla (f)	gju (m)	[ɟú]
pantorrilla (f)	pulpë (f)	[púlpə]
cadera (f)	ijë (f)	[íjə]
talón (m)	thembër (f)	[θémbər]

cuerpo (m)	trup (m)	[trup]
vientre (m)	stomak (m)	[stomák]
pecho (m)	kraharor (m)	[kraharór]
seno (m)	gjoks (m)	[ɟóks]
lado (m), costado (m)	krah (m)	[krah]
espalda (f)	kurriz (m)	[kuríz]
zona (f) lumbar	fundshpina (f)	[fundʃpína]
cintura (f), talle (m)	beli (m)	[béli]

ombligo (m)	kërthizë (f)	[kərθízə]
nalgas (f pl)	vithe (f)	[víθɛ]
trasero (m)	prapanica (f)	[prapanítsa]

lunar (m)	nishan (m)	[niʃán]
marca (f) de nacimiento	shenjë lindjeje (f)	[ʃéɲə líndjɛjɛ]
tatuaje (m)	tatuazh (m)	[tatuáʒ]
cicatriz (f)	shenjë (f)	[ʃéɲə]

La ropa y los accesorios

26. La ropa exterior. Los abrigos

ropa (f), vestido (m)	rroba (f)	[róba]
ropa (f) de calle	veshje e sipërme (f)	[véʃjɛ ɛ sípərmɛ]
ropa (f) de invierno	veshje dimri (f)	[véʃjɛ dímri]
abrigo (m)	pallto (f)	[páɫto]
abrigo (m) de piel	gëzof (m)	[gəzóf]
abrigo (m) corto de piel	xhaketë lëkure (f)	[dʒakétə ləkúrɛ]
plumón (m)	xhup (m)	[dʒup]
cazadora (f)	xhaketë (f)	[dʒakétə]
impermeable (m)	pardesy (f)	[pardɛsý]
impermeable (adj)	kundër shiut	[kúndər ʃíut]

27. Men's & women's clothing

camisa (f)	këmishë (f)	[kəmíʃə]
pantalones (m pl)	pantallona (f)	[pantaɫóna]
jeans, vaqueros (m pl)	xhinse (f)	[dʒínsɛ]
chaqueta (f), saco (m)	xhaketë kostumi (f)	[dʒakétə kostúmi]
traje (m)	kostum (m)	[kostúm]
vestido (m)	fustan (m)	[fustán]
falda (f)	fund (m)	[fund]
blusa (f)	bluzë (f)	[blúzə]
rebeca (f), chaqueta (f) de punto	xhaketë me thurje (f)	[dʒakétə mɛ θúrjɛ]
chaqueta (f)	xhaketë femrash (f)	[dʒakétə fémraʃ]
camiseta (f) (T-shirt)	bluzë (f)	[blúzə]
shorts (m pl)	pantallona të shkurtra (f)	[pantaɫóna tə ʃkúrtra]
traje (m) deportivo	tuta sportive (f)	[túta sportívɛ]
bata (f) de baño	peshqir trupi (m)	[pɛʃcír trúpi]
pijama (f)	pizhame (f)	[piʒámɛ]
jersey (m), suéter (m)	triko (f)	[tríko]
pulóver (m)	pulovër (m)	[pulóvər]
chaleco (m)	jelek (m)	[jɛlék]
frac (m)	frak (m)	[frak]
esmoquin (m)	smoking (m)	[smokíŋ]
uniforme (m)	uniformë (f)	[unifórmə]
ropa (f) de trabajo	rroba pune (f)	[róba púnɛ]
mono (m)	kominoshe (f)	[kominóʃɛ]
bata (f) (p. ej. ~ blanca)	uniformë (f)	[unifórmə]

28. La ropa. La ropa interior

ropa (f) interior	të brendshme (f)	[tə bréndʃmɛ]
bóxer (m)	boksera (f)	[bokséra]
bragas (f pl)	brekë (f)	[brékə]
camiseta (f) interior	fanellë (f)	[fanétə]
calcetines (m pl)	çorape (pl)	[tʃorápɛ]
camisón (m)	këmishë nate (f)	[kəmíʃə nátɛ]
sostén (m)	sytjena (f)	[sytjéna]
calcetines (m pl) altos	çorape déri tek gjuri (pl)	[tʃorápɛ déri ték ɟúri]
pantimedias (f pl)	geta (f)	[géta]
medias (f pl)	çorape të holla (pl)	[tʃorápɛ tə hóɫa]
traje (m) de baño	rrobë banje (f)	[róbə báɲɛ]

29. Gorras

gorro (m)	kapelë (f)	[kapélə]
sombrero (m) de fieltro	kapelë republike (f)	[kapélə ɾɛpublíkɛ]
gorra (f) de béisbol	kapelë bejsbolli (f)	[kapélə bɛjsbóɫi]
gorra (f) plana	kapelë e sheshtë (f)	[kapélə ɛ ʃéʃtə]
boina (f)	beretë (f)	[bɛrétə]
capuchón (m)	kapuç (m)	[kapútʃ]
panamá (m)	kapelë panama (f)	[kapélə panamá]
gorro (m) de punto	kapuç leshi (m)	[kapútʃ léʃi]
pañuelo (m)	shami (f)	[ʃamí]
sombrero (m) de mujer	kapelë femrash (f)	[kapélə fémraʃ]
casco (m) (~ protector)	helmetë (f)	[hɛlmétə]
gorro (m) de campaña	kapelë ushtrie (f)	[kapélə uʃtríɛ]
casco (m) (~ de moto)	helmetë (f)	[hɛlmétə]
bombín (m)	kapelë derby (f)	[kapélə dérby]
sombrero (m) de copa	kapelë cilindër (f)	[kapélə tsilíndər]

30. El calzado

calzado (m)	këpucë (pl)	[kəpútsə]
botas (f pl)	këpucë burrash (pl)	[kəpútsə búraʃ]
zapatos (m pl) (~ de tacón bajo)	këpucë grash (pl)	[kəpútsə gráʃ]
botas (f pl) altas	çizme (pl)	[tʃízmɛ]
zapatillas (f pl)	pantofla (pl)	[pantófla]
tenis (m pl)	atlete tenisi (pl)	[atlétɛ tɛnísi]
zapatillas (f pl) de lona	atlete (pl)	[atlétɛ]
sandalias (f pl)	sandale (pl)	[sandálɛ]
zapatero (m)	këpucëtar (m)	[kəputsətár]
tacón (m)	takë (f)	[tákə]

par (m)	palë (f)	[pálə]
cordón (m)	lidhëse këpucësh (f)	[líðɛsɛ kəpútsəʃ]
encordonar (vt)	lidh këpucët	[lið kəpútsət]
calzador (m)	lugë këpucësh (f)	[lúgə kəpútsəʃ]
betún (m)	bojë këpucësh (f)	[bójə kəpútsəʃ]

31. Accesorios personales

guantes (m pl)	dorëza (pl)	[dórəza]
manoplas (f pl)	doreza (f)	[doréza]
bufanda (f)	shall (m)	[ʃaɫ]

gafas (f pl)	syze (f)	[sýzɛ]
montura (f)	skelet syzesh (m)	[skɛlét sýzɛʃ]
paraguas (m)	çadër (f)	[tʃádər]
bastón (m)	bastun (m)	[bastún]
cepillo (m) de pelo	furçë flokësh (f)	[fúrtʃə flókəʃ]
abanico (m)	erashkë (f)	[ɛráʃkə]

corbata (f)	kravatë (f)	[kravátə]
pajarita (f)	papion (m)	[papión]
tirantes (m pl)	aski (pl)	[askí]
moquero (m)	shami (f)	[ʃamí]

peine (m)	krehër (m)	[kréhər]
pasador (m) de pelo	kapëse flokësh (f)	[kápəsɛ flókəʃ]
horquilla (f)	karficë (f)	[karfítsə]
hebilla (f)	tokëz (f)	[tókəz]

| cinturón (m) | rrip (m) | [rip] |
| correa (f) (de bolso) | rrip supi (m) | [rip súpi] |

bolsa (f)	çantë dore (f)	[tʃántə dórɛ]
bolso (m)	çantë (f)	[tʃántə]
mochila (f)	çantë shpine (f)	[tʃántə ʃpínɛ]

32. La ropa. Miscelánea

moda (f)	modë (f)	[módə]
de moda (adj)	në modë	[nə módə]
diseñador (m) de moda	stilist (m)	[stilíst]

cuello (m)	jakë (f)	[jákə]
bolsillo (m)	xhep (m)	[dʒɛp]
de bolsillo (adj)	i xhepit	[i dʒépit]
manga (f)	mëngë (f)	[méŋə]
presilla (f)	hallkë për varje (f)	[háɫkə pər várjɛ]
brageta (f)	zinxhir (m)	[zindʒír]

cremallera (f)	zinxhir (m)	[zindʒír]
cierre (m)	kapëse (f)	[kápəsɛ]
botón (m)	kopsë (f)	[kópsə]

ojal (m)	vrimë kopse (f)	[vrímə kópsɛ]
saltar (un botón)	këputet	[kəpútɛt]
coser (vi, vt)	qep	[cɛp]
bordar (vt)	qëndis	[cəndís]
bordado (m)	qëndisje (f)	[cəndísjɛ]
aguja (f)	gjilpërë për qepje (f)	[ɟilpérə pər cépjɛ]
hilo (m)	pe (m)	[pɛ]
costura (f)	tegel (m)	[tɛgél]
ensuciarse (vr)	bëhem pis	[béhɛm pis]
mancha (f)	njollë (f)	[ɲóɫə]
arrugarse (vr)	zhubros	[ʒubrós]
rasgar (vt)	gris	[gris]
polilla (f)	molë rrobash (f)	[mólə róbaʃ]

33. Productos personales. Cosméticos

pasta (f) de dientes	pastë dhëmbësh (f)	[pástə ðémbəʃ]
cepillo (m) de dientes	furçë dhëmbësh (f)	[fúrtʃə ðémbəʃ]
limpiarse los dientes	laj dhëmbët	[laj ðémbət]
maquinilla (f) de afeitar	brisk (m)	[brísk]
crema (f) de afeitar	pastë rroje (f)	[pástə rójɛ]
afeitarse (vr)	rruhem	[rúhɛm]
jabón (m)	sapun (m)	[sapún]
champú (m)	shampo (f)	[ʃampó]
tijeras (f pl)	gërshërë (f)	[gərʃérə]
lima (f) de uñas	limë thonjsh (f)	[límə θóɲʃ]
cortaúñas (m pl)	prerëse thonjsh (f)	[prérəsɛ θóɲʃ]
pinzas (f pl)	piskatore vetullash (f)	[piskatórɛ vétuɫaʃ]
cosméticos (m pl)	kozmetikë (f)	[kozmɛtíkə]
mascarilla (f)	maskë fytyre (f)	[máskə fytýrɛ]
manicura (f)	manikyr (m)	[manikýr]
hacer la manicura	bëj manikyr	[bəj manikýr]
pedicura (f)	pedikyr (m)	[pɛdikýr]
neceser (m) de maquillaje	çantë kozmetike (f)	[tʃántə kozmɛtíkɛ]
polvos (m pl)	pudër fytyre (f)	[púdər fytýrɛ]
polvera (f)	pudër kompakte (f)	[púdər kompáktɛ]
colorete (m), rubor (m)	ruzh (m)	[ruʒ]
perfume (m)	parfum (m)	[parfúm]
agua (f) perfumada	parfum (m)	[parfúm]
loción (f)	krem (m)	[krɛm]
agua (f) de colonia	kolonjë (f)	[kolóɲə]
sombra (f) de ojos	rimel (m)	[rimél]
lápiz (m) de ojos	laps për sy (m)	[láps pər sy]
rímel (m)	rimel (m)	[rimél]
pintalabios (m)	buzëkuq (m)	[buzəkúc]

esmalte (m) de uñas	llak për thonj (m)	[ɬak pər θóɲ]
fijador (m) (para el pelo)	llak flokësh (m)	[ɬak flókəʃ]
desodorante (m)	deodorant (m)	[dɛodoránt]

crema (f)	krem (m)	[krɛm]
crema (f) de belleza	krem për fytyrë (m)	[krɛm pər fytýrə]
crema (f) de manos	krem për duar (m)	[krɛm pər dúar]
crema (f) antiarrugas	krem kundër rrudhave (m)	[krɛm kúndər rúðavɛ]
crema (f) de día	krem dite (m)	[krɛm dítɛ]
crema (f) de noche	krem nate (m)	[krɛm nátɛ]
de día (adj)	dite	[dítɛ]
de noche (adj)	nate	[nátɛ]

tampón (m)	tampon (m)	[tampón]
papel (m) higiénico	letër higjienike (f)	[létər hiɟiɛníkɛ]
secador (m) de pelo	tharëse flokësh (f)	[θárəsɛ flókəʃ]

34. Los relojes

reloj (m)	orë dore (f)	[órə dórɛ]
esfera (f)	faqe e orës (f)	[fácɛ ɛ órəs]
aguja (f)	akrep (m)	[akrép]
pulsera (f)	rrip metalik ore (m)	[rip mɛtalík órɛ]
correa (f) (del reloj)	rrip ore (m)	[rip órɛ]

pila (f)	bateri (f)	[batɛrí]
descargarse (vr)	e shkarkuar	[ɛ ʃkarkúar]
cambiar la pila	ndërroj baterinë	[ndərój batɛrínə]
adelantarse (vr)	kalon shpejt	[kalón ʃpéjt]
retrasarse (vr)	ngel prapa	[ŋɛl prápa]

reloj (m) de pared	orë muri (f)	[órə múri]
reloj (m) de arena	orë rëre (f)	[órə rərɛ]
reloj (m) de sol	orë diellore (f)	[órə diɛɬórɛ]
despertador (m)	orë me zile (f)	[órə mɛ zílɛ]
relojero (m)	orëndreqës (m)	[orəndrécəs]
reparar (vt)	ndreq	[ndréc]

La comida y la nutrición

35. La comida

carne (f)	mish (m)	[miʃ]
gallina (f)	pulë (f)	[púlə]
pollo (m)	mish pule (m)	[miʃ púlɛ]
pato (m)	rosë (f)	[rósə]
ganso (m)	patë (f)	[pátə]
caza (f) menor	gjah (m)	[ɟáh]
pava (f)	mish gjel deti (m)	[miʃ ɟɛl déti]
carne (f) de cerdo	mish derri (m)	[miʃ déri]
carne (f) de ternera	mish viçi (m)	[miʃ vítʃi]
carne (f) de carnero	mish qengji (m)	[miʃ cénɟi]
carne (f) de vaca	mish lope (m)	[miʃ lópɛ]
conejo (m)	mish lepuri (m)	[miʃ lépuri]
salchichón (m)	salsiçe (f)	[salsítʃɛ]
salchicha (f)	salsiçe vjeneze (f)	[salsítʃɛ vjɛnézɛ]
beicon (m)	proshutë (f)	[proʃútə]
jamón (m)	sallam (m)	[saɫám]
jamón (m) fresco	kofshë derri (f)	[kófʃə déri]
paté (m)	pate (f)	[paté]
hígado (m)	mëlçi (f)	[məltʃí]
carne (f) picada	hamburger (m)	[hamburgér]
lengua (f)	gjuhë (f)	[ɟúhə]
huevo (m)	ve (f)	[vɛ]
huevos (m pl)	vezë (pl)	[vézə]
clara (f)	e bardhë veze (f)	[ɛ bárðə vézɛ]
yema (f)	e verdhë veze (f)	[ɛ vérðə vézɛ]
pescado (m)	peshk (m)	[pɛʃk]
mariscos (m pl)	fruta deti (pl)	[frúta déti]
crustáceos (m pl)	krustace (pl)	[krustátsɛ]
caviar (m)	havjar (m)	[havjár]
cangrejo (m) de mar	gaforre (f)	[gafórɛ]
camarón (m)	karkalec (m)	[karkaléts]
ostra (f)	midhje (f)	[míðjɛ]
langosta (f)	karavidhe (f)	[karavíðɛ]
pulpo (m)	oktapod (m)	[oktapód]
calamar (m)	kallamarë (f)	[kaɫamárə]
esturión (m)	bli (m)	[blí]
salmón (m)	salmon (m)	[salmón]
fletán (m)	shojzë e Atlantikut Verior (f)	[ʃójzə ɛ atlantíkut vɛriór]
bacalao (m)	merluc (m)	[mɛrlúts]

caballa (f)	skumbri (m)	[skúmbri]
atún (m)	tunë (f)	[túnə]
anguila (f)	ngjalë (f)	[ɲjálə]
trucha (f)	troftë (f)	[tróftə]
sardina (f)	sardele (f)	[sardélɛ]
lucio (m)	mlysh (m)	[mlýʃ]
arenque (m)	harengë (f)	[harénə]
pan (m)	bukë (f)	[búkə]
queso (m)	djath (m)	[djáθ]
azúcar (m)	sheqer (m)	[ʃɛcér]
sal (f)	kripë (f)	[krípə]
arroz (m)	oriz (m)	[oríz]
macarrones (m pl)	makarona (f)	[makaróna]
tallarines (m pl)	makarona petë (f)	[makaróna pétə]
mantequilla (f)	gjalp (m)	[ɟalp]
aceite (m) vegetal	vaj vegjetal (m)	[vaj vɛɟɛtál]
aceite (m) de girasol	vaj luledielli (m)	[vaj lulɛdiéɫi]
margarina (f)	margarinë (f)	[margarínə]
olivas (f pl)	ullinj (pl)	[uɫíɲ]
aceite (m) de oliva	vaj ulliri (m)	[vaj uɫíri]
leche (f)	qumësht (m)	[cúməʃt]
leche (f) condensada	qumësht i kondensuar (m)	[cúməʃt i kondɛnsúar]
yogur (m)	kos (m)	[kos]
nata (f) agria	salcë kosi (f)	[sáltsə kosi]
nata (f) líquida	krem qumështi (m)	[krɛm cúməʃti]
mayonesa (f)	majonezë (f)	[majonézə]
crema (f) de mantequilla	krem gjalpi (m)	[krɛm ɟálpi]
cereal molido grueso	drithëra (pl)	[dríθəra]
harina (f)	miell (m)	[míɛɫ]
conservas (f pl)	konserva (f)	[konsérva]
copos (m pl) de maíz	kornfleiks (m)	[kornfléiks]
miel (f)	mjaltë (f)	[mjáltə]
confitura (f)	reçel (m)	[rɛtʃél]
chicle (m)	çamçakëz (m)	[tʃamtʃakéz]

36. Las bebidas

agua (f)	ujë (m)	[újə]
agua (f) potable	ujë i pijshëm (m)	[újə i píjʃəm]
agua (f) mineral	ujë mineral (m)	[újə minɛrál]
sin gas	ujë natyral	[újə natyrál]
gaseoso (adj)	ujë i karbonuar	[újə i karbonúar]
con gas	ujë i gazuar	[újə i gazúar]
hielo (m)	akull (m)	[ákuɫ]

con hielo	me akull	[mɛ ákuɫ]
sin alcohol	jo alkoolik	[jo alkoolík]
bebida (f) sin alcohol	pije e lehtë (f)	[píjɛ ɛ léhtə]
refresco (m)	pije freskuese (f)	[píjɛ frɛskúɛsɛ]
limonada (f)	limonadë (f)	[limonádə]
bebidas (f pl) alcohólicas	likere (pl)	[likérɛ]
vino (m)	verë (f)	[vérə]
vino (m) blanco	verë e bardhë (f)	[vérə ɛ bárðə]
vino (m) tinto	verë e kuqe (f)	[vérə ɛ kúcɛ]
licor (m)	liker (m)	[likér]
champaña (f)	shampanjë (f)	[ʃampáɲə]
vermú (m)	vermut (m)	[vɛrmút]
whisky (m)	uiski (m)	[víski]
vodka (m)	vodkë (f)	[vódkə]
ginebra (f)	xhin (m)	[dʒin]
coñac (m)	konjak (m)	[koɲák]
ron (m)	rum (m)	[rum]
café (m)	kafe (f)	[káfɛ]
café (m) solo	kafe e zezë (f)	[káfɛ ɛ zézə]
café (m) con leche	kafe me qumësht (m)	[káfɛ mɛ cúməʃt]
capuchino (m)	kapuçino (m)	[kaputʃíno]
café (m) soluble	neskafe (f)	[nɛskáfɛ]
leche (f)	qumësht (m)	[cúməʃt]
cóctel (m)	koktej (m)	[koktéj]
batido (m)	milkshake (f)	[milkʃákɛ]
zumo (m), jugo (m)	lëng frutash (m)	[lən frútaʃ]
jugo (m) de tomate	lëng domatesh (m)	[lən domátɛʃ]
zumo (m) de naranja	lëng portokalli (m)	[lən portokáɫi]
zumo (m) fresco	lëng frutash i freskët (m)	[lən frútaʃ i fréskət]
cerveza (f)	birrë (f)	[bírə]
cerveza (f) rubia	birrë e lehtë (f)	[bírə ɛ léhtə]
cerveza (f) negra	birrë e zezë (f)	[bírə ɛ zézə]
té (m)	çaj (m)	[tʃáj]
té (m) negro	çaj i zi (m)	[tʃáj i zí]
té (m) verde	çaj jeshil (m)	[tʃáj jɛʃíl]

37. Las verduras

legumbres (f pl)	perime (pl)	[pɛrímɛ]
verduras (f pl)	zarzavate (pl)	[zarzavátɛ]
tomate (m)	domate (f)	[domátɛ]
pepino (m)	kastravec (m)	[kastravéts]
zanahoria (f)	karotë (f)	[karótə]
patata (f)	patate (f)	[patátɛ]
cebolla (f)	qepë (f)	[cépə]

ajo (m)	hudhër (f)	[húðər]
col (f)	lakër (f)	[lákər]
coliflor (f)	lulelakër (f)	[lulɛlákər]
col (f) de Bruselas	lakër Brukseli (f)	[lákər brukséli]
brócoli (m)	brokoli (m)	[brókoli]
remolacha (f)	panxhar (m)	[pandʒár]
berenjena (f)	patëllxhan (m)	[patəɫdʒán]
calabacín (m)	kungulleshë (m)	[kuŋuɫéʃə]
calabaza (f)	kungull (m)	[kúŋuɫ]
nabo (m)	rrepë (f)	[répə]
perejil (m)	majdanoz (m)	[majdanóz]
eneldo (m)	kopër (f)	[kópər]
lechuga (f)	sallatë jeshile (f)	[saɫátə jɛʃílɛ]
apio (m)	selino (f)	[sɛlíno]
espárrago (m)	asparagus (m)	[asparágus]
espinaca (f)	spinaq (m)	[spinác]
guisante (m)	bizele (f)	[bizélɛ]
habas (f pl)	fasule (f)	[fasúlɛ]
maíz (m)	misër (m)	[mísər]
fréjol (m)	groshë (f)	[gróʃə]
pimentón (m)	spec (m)	[spɛts]
rábano (m)	rrepkë (f)	[répkə]
alcachofa (f)	angjinare (f)	[anɟinárɛ]

38. Las frutas. Las nueces

fruto (m)	frut (m)	[frut]
manzana (f)	mollë (f)	[móɫə]
pera (f)	dardhë (f)	[dárðə]
limón (m)	limon (m)	[limón]
naranja (f)	portokall (m)	[portokáɫ]
fresa (f)	luleshtrydhe (f)	[lulɛʃtrýðɛ]
mandarina (f)	mandarinë (f)	[mandarínə]
ciruela (f)	kumbull (f)	[kúmbuɫ]
melocotón (m)	pjeshkë (f)	[pjéʃkə]
albaricoque (m)	kajsi (f)	[kajsí]
frambuesa (f)	mjedër (f)	[mjédər]
ananás (m)	ananas (m)	[ananás]
banana (f)	banane (f)	[banánɛ]
sandía (f)	shalqi (m)	[ʃalcí]
uva (f)	rrush (m)	[ruʃ]
guinda (f)	qershi vishnje (f)	[cɛrʃí víʃɲɛ]
cereza (f)	qershi (f)	[cɛrʃí]
melón (m)	pjepër (m)	[pjépər]
pomelo (m)	grejpfrut (m)	[grɛjpfrút]
aguacate (m)	avokado (f)	[avokádo]
papaya (m)	papaja (f)	[papája]

mango (m)	mango (f)	[máŋo]
granada (f)	shegë (f)	[ʃégə]
grosella (f) roja	kaliboba e kuqe (f)	[kalibóba ɛ kúcɛ]
grosella (f) negra	kaliboba e zezë (f)	[kalibóba ɛ zézə]
grosella (f) espinosa	kulumbri (f)	[kulumbrí]
arándano (m)	boronicë (f)	[boronítsə]
zarzamoras (f pl)	manaferra (f)	[manaféra]
pasas (f pl)	rrush i thatë (m)	[ruʃ i θátə]
higo (m)	fik (m)	[fik]
dátil (m)	hurmë (f)	[húrmə]
cacahuete (m)	kikirik (m)	[kikirík]
almendra (f)	bajame (f)	[bajámɛ]
nuez (f)	arrë (f)	[árə]
avellana (f)	lajthi (f)	[lajθí]
nuez (f) de coco	arrë kokosi (f)	[árə kokósi]
pistachos (m pl)	fëstëk (m)	[fəsték]

39. El pan. Los dulces

pasteles (m pl)	ëmbëlsira (pl)	[əmbəlsíra]
pan (m)	bukë (f)	[búkə]
galletas (f pl)	biskota (pl)	[biskóta]
chocolate (m)	çokollatë (f)	[tʃokołátə]
de chocolate (adj)	prej çokollate	[prɛj tʃokołátɛ]
caramelo (m)	karamele (f)	[karamélɛ]
tarta (f) (pequeña)	kek (m)	[kék]
tarta (f) (~ de cumpleaños)	tortë (f)	[tórtə]
pastel (m) (~ de manzana)	tortë (f)	[tórtə]
relleno (m)	mbushje (f)	[mbúʃjɛ]
confitura (f)	reçel (m)	[rɛtʃél]
mermelada (f)	marmelatë (f)	[marmɛlátə]
gofre (m)	vafera (pl)	[vaféra]
helado (m)	akullore (f)	[akułórɛ]
pudín (f)	puding (m)	[pudíŋ]

40. Los platos al horno

plato (m)	pjatë (f)	[pjátə]
cocina (f)	kuzhinë (f)	[kuʒínə]
receta (f)	recetë (f)	[rɛtsétə]
porción (f)	racion (m)	[ratsión]
ensalada (f)	sallatë (f)	[sałátə]
sopa (f)	supë (f)	[súpə]
caldo (m)	lëng mishi (m)	[ləŋ míʃi]
bocadillo (m)	sandviç (m)	[sandvítʃ]

huevos (m pl) fritos	vezë të skuqura (pl)	[véz̧ə tə skúcura]
hamburguesa (f)	hamburger	[hamburgér]
bistec (m)	biftek (m)	[biftέk]

guarnición (f)	garniturë (f)	[garnitúrə]
espagueti (m)	shpageti (pl)	[ʃpagéti]
puré (m) de patatas	pure patatesh (f)	[puré patátɛʃ]
pizza (f)	pica (f)	[pítsa]
gachas (f pl)	qull (m)	[cuɫ]
tortilla (f) francesa	omëletë (f)	[omǝlétǝ]

cocido en agua (adj)	i zier	[i zíɛr]
ahumado (adj)	i tymosur	[i tymósur]
frito (adj)	i skuqur	[i skúcur]
seco (adj)	i tharë	[i θárə]
congelado (adj)	i ngrirë	[i ŋrírə]
marinado (adj)	i marinuar	[i marinúar]

azucarado (adj)	i ëmbël	[i émbəl]
salado (adj)	i kripur	[i krípur]
frío (adj)	i ftohtë	[i ftóhtə]
caliente (adj)	i nxehtë	[i ndzéhtə]
amargo (adj)	i hidhur	[i híður]
sabroso (adj)	i shijshëm	[i ʃíjʃəm]

cocer en agua	ziej	[zíɛj]
preparar (la cena)	gatuaj	[gatúaj]
freír (vt)	skuq	[skuc]
calentar (vt)	ngroh	[ŋróh]

salar (vt)	hedh kripë	[hɛð krípə]
poner pimienta	hedh piper	[hɛð pipér]
rallar (vt)	rendoj	[rɛndój]
piel (f)	lëkurë (f)	[ləkúrə]
pelar (vt)	qëroj	[cərój]

41. Las especias

sal (f)	kripë (f)	[krípə]
salado (adj)	i kripur	[i krípur]
salar (vt)	hedh kripë	[hɛð krípə]

pimienta (f) negra	piper i zi (m)	[pipér i zi]
pimienta (f) roja	piper i kuq (m)	[pipér i kuc]
mostaza (f)	mustardë (f)	[mustárdə]
rábano (m) picante	rrepë djegëse (f)	[répə djégəsɛ]

condimento (m)	salcë (f)	[sáltsə]
especia (f)	erëz (f)	[érəz]
salsa (f)	salcë (f)	[sáltsə]
vinagre (m)	uthull (f)	[úθuɫ]

anís (m)	anisetë (f)	[anisétə]
albahaca (f)	borzilok (m)	[borzilók]

clavo (m)	karafil (m)	[karafíl]
jengibre (m)	xhenxhefil (m)	[dʒɛndʒɛfíl]
cilantro (m)	koriandër (m)	[koriándər]
canela (f)	kanellë (f)	[kanéɫə]

sésamo (m)	susam (m)	[susám]
hoja (f) de laurel	gjeth dafine (m)	[ɟɛθ dafínɛ]
paprika (f)	spec (m)	[spɛts]
comino (m)	kumin (m)	[kumín]
azafrán (m)	shafran (m)	[ʃafrán]

42. Las comidas

| comida (f) | ushqim (m) | [uʃcím] |
| comer (vi, vt) | ha | [ha] |

desayuno (m)	mëngjes (m)	[mənɟés]
desayunar (vi)	ha mëngjes	[ha mənɟés]
almuerzo (m)	drekë (f)	[drékə]
almorzar (vi)	ha drekë	[ha drékə]
cena (f)	darkë (f)	[dárkə]
cenar (vi)	ha darkë	[ha dárkə]

| apetito (m) | oreks (m) | [oréks] |
| ¡Que aproveche! | Të bëftë mirë! | [tə bəftə mírə!] |

abrir (vt)	hap	[hap]
derramar (líquido)	derdh	[dérð]
derramarse (líquido)	derdhje	[dérðjɛ]

hervir (vi)	ziej	[zíɛj]
hervir (vt)	ziej	[zíɛj]
hervido (agua ~a)	i zier	[i zíɛr]
enfriar (vt)	ftoh	[ftoh]
enfriarse (vr)	ftohje	[ftóhjɛ]

| sabor (m) | shije (f) | [ʃíjɛ] |
| regusto (m) | shije (f) | [ʃíjɛ] |

adelgazar (vi)	dobësohem	[dobəsóhɛm]
dieta (f)	dietë (f)	[diétə]
vitamina (f)	vitaminë (f)	[vitamínə]
caloría (f)	kalori (f)	[kalorí]

| vegetariano (m) | vegjetarian (m) | [vɛɟɛtarián] |
| vegetariano (adj) | vegjetarian | [vɛɟɛtarián] |

grasas (f pl)	yndyrë (f)	[yndýrə]
proteínas (f pl)	proteinë (f)	[protɛínə]
carbohidratos (m pl)	karbohidrat (m)	[karbohidrát]

loncha (f)	fetë (f)	[fétə]
pedazo (m)	copë (f)	[tsópə]
miga (f)	dromcë (f)	[drómtsə]

43. Los cubiertos

cuchara (f)	lugë (f)	[lúgə]
cuchillo (m)	thikë (f)	[θíkə]
tenedor (m)	pirun (m)	[pirún]
taza (f)	filxhan (m)	[fildʒán]
plato (m)	pjatë (f)	[pjátə]
platillo (m)	pjatë filxhani (f)	[pjátə fildʒáni]
servilleta (f)	pecetë (f)	[pɛtsétə]
mondadientes (m)	kruajtëse dhëmbësh (f)	[krúajtəsɛ ðə́mbəʃ]

44. El restaurante

restaurante (m)	restorant (m)	[rɛstoránt]
cafetería (f)	kafene (f)	[kafɛné]
bar (m)	pab (m), pijetore (f)	[pab], [pijɛtórɛ]
salón (m) de té	çajtore (f)	[tʃajtórɛ]
camarero (m)	kamerier (m)	[kamɛriér]
camarera (f)	kameriere (f)	[kamɛriérɛ]
barman (m)	banakier (m)	[banakiér]
carta (f), menú (m)	menu (f)	[mɛnú]
carta (f) de vinos	menu verërash (f)	[mɛnú vérəraʃ]
reservar una mesa	rezervoj një tavolinë	[rɛzɛrvój ɲə tavolínə]
plato (m)	pjatë (f)	[pjátə]
pedir (vt)	porosis	[porosís]
hacer el pedido	bëj porosinë	[bəj porosínə]
aperitivo (m)	aperitiv (m)	[apɛritív]
entremés (m)	antipastë (f)	[antipástə]
postre (m)	ëmbëlsirë (f)	[əmbəlsírə]
cuenta (f)	faturë (f)	[fatúrə]
pagar la cuenta	paguaj faturën	[pagúaj fatúrən]
dar la vuelta	jap kusur	[jap kusúr]
propina (f)	bakshish (m)	[bakʃíʃ]

La familia nuclear, los parientes y los amigos

45. La información personal. Los formularios

nombre (m)	emër (m)	[émər]
apellido (m)	mbiemër (m)	[mbiémər]
fecha (f) de nacimiento	datëlindje (f)	[datəlíndjɛ]
lugar (m) de nacimiento	vendlindje (f)	[vɛndlíndjɛ]
nacionalidad (f)	kombësi (f)	[kombəsí]
domicilio (m)	vendbanim (m)	[vɛndbaním]
país (m)	shtet (m)	[ʃtɛt]
profesión (f)	profesion (m)	[profɛsión]
sexo (m)	gjinia (f)	[ɟinía]
estatura (f)	gjatësia (f)	[ɟatəsía]
peso (m)	peshë (f)	[péʃə]

46. Los familiares. Los parientes

madre (f)	nënë (f)	[nənə]
padre (m)	baba (f)	[babá]
hijo (m)	bir (m)	[bir]
hija (f)	bijë (f)	[bíjə]
hija (f) menor	vajza e vogël (f)	[vájza ɛ vógəl]
hijo (m) menor	djali i vogël (m)	[djáli i vógəl]
hija (f) mayor	vajza e madhe (f)	[vájza ɛ máðɛ]
hijo (m) mayor	djali i vogël (m)	[djáli i vógəl]
hermano (m)	vëlla (m)	[vəɫá]
hermano (m) mayor	vëllai i madh (m)	[vəɫái i mað]
hermano (m) menor	vëllai i vogël (m)	[vəɫai i vógəl]
hermana (f)	motër (f)	[mótər]
hermana (f) mayor	motra e madhe (f)	[mótra ɛ máðɛ]
hermana (f) menor	motra e vogël (f)	[mótra ɛ vógəl]
primo (m)	kushëri (m)	[kuʃərí]
prima (f)	kushërirë (f)	[kuʃərírə]
mamá (f)	mami (f)	[mámi]
papá (m)	babi (m)	[bábi]
padres (m pl)	prindër (pl)	[príndər]
niño -a (m, f)	fëmijë (f)	[fəmíjə]
niños (m pl)	fëmijë (pl)	[fəmíjə]
abuela (f)	gjyshe (f)	[ɟýʃɛ]
abuelo (m)	gjysh (m)	[ɟyʃ]

nieto (m)	nip (m)	[nip]
nieta (f)	mbesë (f)	[mbésə]
nietos (m pl)	nipër e mbesa (pl)	[nípər ɛ mbésa]
tío (m)	dajë (f)	[dájə]
tía (f)	teze (f)	[tézɛ]
sobrino (m)	nip (m)	[nip]
sobrina (f)	mbesë (f)	[mbésə]
suegra (f)	vjehrrë (f)	[vjéhrə]
suegro (m)	vjehrri (m)	[vjéhri]
yerno (m)	dhëndër (m)	[ðéndər]
madrastra (f)	njerkë (f)	[ɲérkə]
padrastro (m)	njerk (m)	[ɲérk]
niño (m) de pecho	foshnjë (f)	[fóʃnə]
bebé (m)	fëmijë (f)	[fəmíjə]
chico (m)	djalosh (m)	[djalóʃ]
mujer (f)	bashkëshorte (f)	[baʃkəʃórtɛ]
marido (m)	bashkëshort (m)	[baʃkəʃórt]
esposo (m)	bashkëshort (m)	[baʃkəʃórt]
esposa (f)	bashkëshorte (f)	[baʃkəʃórtɛ]
casado (adj)	i martuar	[i martúar]
casada (adj)	e martuar	[ɛ martúar]
soltero (adj)	beqar	[bɛcár]
soltero (m)	beqar (m)	[bɛcár]
divorciado (adj)	i divorcuar	[i divortsúar]
viuda (f)	vejushë (f)	[vɛjúʃə]
viudo (m)	vejan (m)	[vɛján]
pariente (m)	kushëri (m)	[kuʃərí]
pariente (m) cercano	kushëri i afërt (m)	[kuʃərí i áfərt]
pariente (m) lejano	kushëri i largët (m)	[kuʃərí i lárgət]
parientes (m pl)	kushërinj (pl)	[kuʃəríɲ]
huérfano (m)	jetim (m)	[jɛtím]
huérfana (f)	jetime (f)	[jɛtímɛ]
tutor (m)	kujdestar (m)	[kujdɛstár]
adoptar (un niño)	adoptoj	[adoptój]
adoptar (una niña)	adoptoj	[adoptój]

La medicina

47. Las enfermedades

enfermedad (f)	sëmundje (f)	[səmúndjɛ]
estar enfermo	jam sëmurë	[jam səmúrə]
salud (f)	shëndet (m)	[ʃəndét]

resfriado (m) (coriza)	rrifë (f)	[rífə]
angina (f)	grykët (m)	[grýkət]
resfriado (m)	ftohje (f)	[ftóhjɛ]
resfriarse (vr)	ftohem	[ftóhɛm]

bronquitis (f)	bronkit (m)	[bronkít]
pulmonía (f)	pneumoni (f)	[pnɛumoní]
gripe (f)	grip (m)	[grip]

miope (adj)	miop	[mióp]
présbita (adj)	presbit	[prɛsbít]
estrabismo (m)	strabizëm (m)	[strabízəm]
estrábico (m) (adj)	strabik	[strabík]
catarata (f)	katarakt (m)	[katarákt]
glaucoma (f)	glaukoma (f)	[glaukóma]

insulto (m)	goditje (f)	[godítjɛ]
ataque (m) cardiaco	sulm në zemër (m)	[sulm nə zémər]
infarto (m) de miocardio	infarkt miokardiak (m)	[infárkt miokardiák]
parálisis (f)	paralizë (f)	[paralízə]
paralizar (vt)	paralizoj	[paralizój]

alergia (f)	alergji (f)	[alɛrɟí]
asma (f)	astmë (f)	[ástmə]
diabetes (m)	diabet (m)	[diabét]

dolor (m) de muelas	dhimbje dhëmbi (f)	[ðímbjɛ ðəmbi]
caries (f)	karies (m)	[kariés]

diarrea (f)	diarre (f)	[diaré]
estreñimiento (m)	kapsllëk (m)	[kapsɫək]
molestia (f) estomacal	dispepsi (f)	[dispɛpsí]
envenenamiento (m)	helmim (m)	[hɛlmím]
envenenarse (vr)	helmohem nga ushqimi	[hɛlmóhɛm ŋa uʃcími]

artritis (f)	artrit (m)	[artrít]
raquitismo (m)	rakit (m)	[rakít]
reumatismo (m)	reumatizëm (m)	[rɛumatízəm]
ateroesclerosis (f)	arterosklerozë (f)	[artɛriosklɛrózə]

gastritis (f)	gastrit (m)	[gastrít]
apendicitis (f)	apendicit (m)	[apɛnditsít]

colecistitis (m)	kolecistit (m)	[kolɛtsistít]
úlcera (f)	ulcerë (f)	[ultsérə] |//

sarampión (m)	fruth (m)	[fruθ]
rubeola (f)	rubeola (f)	[rubɛóla]
ictericia (f)	verdhëza (f)	[vérðəza]
hepatitis (f)	hepatit (m)	[hɛpatít]

esquizofrenia (f)	skizofreni (f)	[skizofrɛní]
rabia (f) (hidrofobia)	sëmundje e tërbimit (f)	[səmúndjɛ ɛ tərbímit]
neurosis (f)	neurozë (f)	[nɛurózə]
conmoción (m) cerebral	tronditje (f)	[trondítjɛ]

cáncer (m)	kancer (m)	[kantsér]
esclerosis (f)	sklerozë (f)	[sklɛrózə]
esclerosis (m) múltiple	sklerozë e shumëfishtë (f)	[sklɛrózə ɛ ʃuməfíʃtə]

alcoholismo (m)	alkoolizëm (m)	[alkoolízəm]
alcohólico (m)	alkoolik (m)	[alkoolík]
sífilis (f)	sifiliz (m)	[sifilíz]
SIDA (f)	SIDA (f)	[sída]

tumor (m)	tumor (m)	[tumór]
maligno (adj)	malinj	[malíɲ]
benigno (adj)	beninj	[bɛníɲ]

fiebre (f)	ethe (f)	[éθɛ]
malaria (f)	malarie (f)	[malaríɛ]
gangrena (f)	gangrenë (f)	[gaŋrénə]
mareo (m)	sëmundje deti (f)	[səmúndjɛ déti]
epilepsia (f)	epilepsi (f)	[ɛpilɛpsí]

epidemia (f)	epidemi (f)	[ɛpidɛmí]
tifus (m)	tifo (f)	[tífo]
tuberculosis (f)	tuberkuloz (f)	[tubɛrkulóz]
cólera (f)	kolerë (f)	[kolérə]
peste (f)	murtaja (f)	[murtája]

48. Los síntomas. Los tratamientos. Unidad 1

síntoma (m)	simptomë (f)	[simptómə]
temperatura (f)	temperaturë (f)	[tɛmpɛratúrə]
fiebre (f)	temperaturë e lartë (f)	[tɛmpɛratúrə ɛ lártə]
pulso (m)	puls (m)	[puls]

mareo (m) (vértigo)	marrje mendsh (m)	[márjɛ méndʃ]
caliente (adj)	i nxehtë	[i ndzéhtə]
escalofrío (m)	drithërima (f)	[driθəríma]
pálido (adj)	i zbehur	[i zbéhur]

tos (f)	kollë (f)	[kółə]
toser (vi)	kollitem	[kołítɛm]
estornudar (vi)	teshtij	[tɛʃtíj]
desmayo (m)	të fikët (f)	[tə fíkət]

desmayarse (vr)	bie të fikët	[bíɛ tə fíkət]
moradura (f)	mavijosje (f)	[mavijósjɛ]
chichón (m)	gungë (f)	[gúŋə]
golpearse (vr)	godas	[godás]
magulladura (f)	lëndim (m)	[ləndím]
magullarse (vr)	lëndohem	[ləndóhɛm]
cojear (vi)	çaloj	[tʃalój]
dislocación (f)	dislokim (m)	[dislokím]
dislocar (vt)	del nga vendi	[dɛl ŋa véndi]
fractura (f)	thyerje (f)	[θýɛrjɛ]
tener una fractura	thyej	[θýɛj]
corte (m) (tajo)	e prerë (f)	[ɛ prérə]
cortarse (vr)	pres veten	[prɛs vétɛn]
hemorragia (f)	rrjedhje gjaku (f)	[rjéðjɛ ɟáku]
quemadura (f)	djegie (f)	[djégiɛ]
quemarse (vr)	digjem	[díɟɛm]
pincharse (el dedo)	shpoj	[ʃpoj]
pincharse (vr)	shpohem	[ʃpóhɛm]
herir (vt)	dëmtoj	[dəmtój]
herida (f)	dëmtim (m)	[dəmtím]
lesión (f) (herida)	plagë (f)	[plágə]
trauma (m)	traumë (f)	[traúmə]
delirar (vi)	fol përçart	[fól pərtʃárt]
tartamudear (vi)	belbëzoj	[bɛlbəzój]
insolación (f)	pikë e diellit (f)	[píkə ɛ diétit]

49. Los síntomas. Los tratamientos. Unidad 2

dolor (m)	dhimbje (f)	[ðímbjɛ]
astilla (f)	cifël (f)	[tsífəl]
sudor (m)	djersë (f)	[djérsə]
sudar (vi)	djersij	[djɛrsíj]
vómito (m)	të vjella (f)	[tə vjéɫa]
convulsiones (f)	konvulsione (f)	[konvulsiónɛ]
embarazada (adj)	shtatzënë	[ʃtatzénə]
nacer (vi)	lind	[lind]
parto (m)	lindje (f)	[líndjɛ]
dar a luz	sjell në jetë	[sjɛɫ nə jétə]
aborto (m)	abort (m)	[abórt]
respiración (f)	frymëmarrje (f)	[fryməmárjɛ]
inspiración (f)	mbajtje e frymës (f)	[mbájtjɛ ɛ frýməs]
espiración (f)	lëshim i frymës (m)	[ləʃím i frýməs]
espirar (vi)	nxjerr frymën	[ndzjér frýmən]
inspirar (vi)	marr frymë	[mar frýmə]
inválido (m)	invalid (m)	[invalíd]
mutilado (m)	i gjymtuar (m)	[i ɟymtúar]

drogadicto (m)	narkoman (m)	[narkomán]
sordo (adj)	shurdh	[ʃurð]
mudo (adj)	memec	[mɛméts]
sordomudo (adj)	shurdh-memec	[ʃurð-mɛméts]
loco (adj)	i marrë	[i márə]
loco (m)	i çmendur (m)	[i tʃméndur]
loca (f)	e çmendur (f)	[ɛ tʃméndur]
volverse loco	çmendem	[tʃméndɛm]
gen (m)	gen (m)	[gɛn]
inmunidad (f)	imunitet (m)	[imunitét]
hereditario (adj)	e trashëguar	[ɛ traʃəgúar]
de nacimiento (adj)	e lindur	[ɛ líndur]
virus (m)	virus (m)	[virús]
microbio (m)	mikrob (m)	[mikrób]
bacteria (f)	bakterie (f)	[baktériɛ]
infección (f)	infeksion (m)	[infɛksión]

50. Los síntomas. Los tratamientos. Unidad 3

hospital (m)	spital (m)	[spitál]
paciente (m)	pacient (m)	[patsiént]
diagnosis (f)	diagnozë (f)	[diagnózə]
cura (f)	kurë (f)	[kúrə]
tratamiento (m)	trajtim mjekësor (m)	[trajtím mjɛkəsór]
curarse (vr)	kurohem	[kuróhɛm]
tratar (vt)	kuroj	[kurój]
cuidar (a un enfermo)	kujdesem	[kujdésɛm]
cuidados (m pl)	kujdes (m)	[kujdés]
operación (f)	operacion (m)	[opɛratsión]
vendar (vt)	fashoj	[faʃój]
vendaje (m)	fashim (m)	[faʃím]
vacunación (f)	vaksinim (m)	[vaksiním]
vacunar (vt)	vaksinoj	[vaksinój]
inyección (f)	injeksion (m)	[iɲɛksión]
aplicar una inyección	bëj injeksion	[bəj iɲɛksíon]
ataque (m)	atak (m)	[aták]
amputación (f)	amputim (m)	[amputím]
amputar (vt)	amputoj	[amputój]
coma (m)	komë (f)	[kómə]
estar en coma	jam në komë	[jam nə kómə]
revitalización (f)	kujdes intensiv (m)	[kujdés intɛnsív]
recuperarse (vr)	shërohem	[ʃəróhɛm]
estado (m) (de salud)	gjendje (f)	[ɟéndjɛ]
consciencia (f)	vetëdije (f)	[vɛtədíjɛ]
memoria (f)	kujtesë (f)	[kujtésə]
extraer (un diente)	heq	[hɛc]

| empaste (m) | mbushje (f) | [mbúʃɛ] |
| empastar (vt) | mbush | [mbúʃ] |

| hipnosis (f) | hipnozë (f) | [hipnózə] |
| hipnotizar (vt) | hipnotizim | [hipnotizím] |

51. Los médicos

médico (m)	mjek (m)	[mjék]
enfermera (f)	infermiere (f)	[infɛrmiérɛ]
médico (m) personal	mjek personal (m)	[mjék pɛrsonál]

dentista (m)	dentist (m)	[dɛntíst]
oftalmólogo (m)	okulist (m)	[okulíst]
internista (m)	mjek i përgjithshëm (m)	[mjék i pərɟíθʃəm]
cirujano (m)	kirurg (m)	[kirúrg]

psiquiatra (m)	psikiatër (m)	[psikiátər]
pediatra (m)	pediatër (m)	[pɛdiátər]
psicólogo (m)	psikolog (m)	[psikológ]
ginecólogo (m)	gjinekolog (m)	[ɟinɛkológ]
cardiólogo (m)	kardiolog (m)	[kardiológ]

52. La medicina. Las drogas. Los accesorios

medicamento (m), droga (f)	ilaç (m)	[ilátʃ]
remedio (m)	mjekim (m)	[mjɛkím]
prescribir (vt)	shkruaj recetë	[ʃkrúaj rɛtsétə]
receta (f)	recetë (f)	[rɛtsétə]

tableta (f)	pilulë (f)	[pilúlə]
ungüento (m)	krem (m)	[krɛm]
ampolla (f)	ampulë (f)	[ampúlə]
mixtura (f), mezcla (f)	përzierje (f)	[pərzíɛrjɛ]
sirope (m)	shurup (m)	[ʃurúp]
píldora (f)	pilulë (f)	[pilúlə]
polvo (m)	pudër (f)	[púdər]

venda (f)	fashë garze (f)	[faʃə gárzɛ]
algodón (m) (discos de ~)	pambuk (m)	[pambúk]
yodo (m)	jod (m)	[jod]

tirita (f), curita (f)	leukoplast (m)	[lɛukoplást]
pipeta (f)	pikatore (f)	[pikatórɛ]
termómetro (m)	termometër (m)	[tɛrmométər]
jeringa (f)	shiringë (f)	[ʃiríŋə]

| silla (f) de ruedas | karrocë me rrota (f) | [karótsə mɛ róta] |
| muletas (f pl) | paterica (f) | [patɛrítsa] |

| anestésico (m) | qetësues (m) | [cɛtəsúɛs] |
| purgante (m) | laksativ (m) | [laksatív] |

alcohol (m)	**alkool dezinfektues** (m)	[alkoól dɛzinfɛktúɛs]
hierba (f) medicinal	**bimë mjekësore** (f)	[bímə mjɛkəsórɛ]
de hierbas (té ~)	**çaj bimor**	[tʃáj bimór]

EL AMBIENTE HUMANO

La ciudad

53. La ciudad. La vida en la ciudad

ciudad (f)	qytet (m)	[cytét]
capital (f)	kryeqytet (m)	[kryɛcytét]
aldea (f)	fshat (m)	[fʃát]
plano (m) de la ciudad	hartë e qytetit (f)	[hártə ɛ cytétit]
centro (m) de la ciudad	qendër e qytetit (f)	[céndər ɛ cytétit]
suburbio (m)	periferi (f)	[pɛrifɛrí]
suburbano (adj)	periferik	[pɛrifɛrík]
arrabal (m)	periferia (f)	[pɛrifɛría]
afueras (f pl)	periferia (f)	[pɛrifɛría]
barrio (m)	bllok pallatesh (m)	[bɫók paɫátɛʃ]
zona (f) de viviendas	bllok banimi (m)	[bɫók baními]
tráfico (m)	trafik (m)	[trafík]
semáforo (m)	semafor (m)	[sɛmafór]
transporte (m) urbano	transport publik (m)	[transpórt publík]
cruce (m)	kryqëzim (m)	[krycəzím]
paso (m) de peatones	kalim për këmbësorë (m)	[kalím pər kəmbəsórə]
paso (m) subterráneo	nënkalim për këmbësorë (m)	[nənkalím pər kəmbəsórə]
cruzar (vt)	kapërcej	[kapərtséj]
peatón (m)	këmbësor (m)	[kəmbəsór]
acera (f)	trotuar (m)	[trotuár]
puente (m)	urë (f)	[úrə]
muelle (m)	breg lumi (m)	[brɛg lúmi]
fuente (f)	shatërvan (m)	[ʃatərván]
alameda (f)	rrugëz (m)	[rúgəz]
parque (m)	park (m)	[park]
bulevar (m)	bulevard (m)	[bulɛvárd]
plaza (f)	shesh (m)	[ʃɛʃ]
avenida (f)	bulevard (m)	[bulɛvárd]
calle (f)	rrugë (f)	[rúgə]
callejón (m)	rrugë dytësore (f)	[rúgə dytəsórɛ]
callejón (m) sin salida	rrugë pa krye (f)	[rúgə pa krýɛ]
casa (f)	shtëpi (f)	[ʃtəpí]
edificio (m)	ndërtesë (f)	[ndərtésə]
rascacielos (m)	qiellgërvishtës (m)	[ciɛɫgərvíʃtəs]
fachada (f)	fasadë (f)	[fasádə]
techo (m)	çati (f)	[tʃatí]

ventana (f)	dritare (f)	[dritárɛ]
arco (m)	hark (m)	[hárk]
columna (f)	kolonë (f)	[kolónə]
esquina (f)	kënd (m)	[kénd]

escaparate (f)	vitrinë (f)	[vitrínə]
letrero (m) (~ luminoso)	tabelë (f)	[tabélə]
cartel (m)	poster (m)	[postér]
cartel (m) publicitario	afishe reklamuese (f)	[afíʃɛ rɛklamúɛsɛ]
valla (f) publicitaria	tabelë reklamash (f)	[tabélə rɛklámaʃ]

basura (f)	plehra (f)	[pléhra]
cajón (m) de basura	kosh plehrash (m)	[koʃ pléhraʃ]
tirar basura	hedh mbeturina	[hɛð mbɛturína]
basurero (m)	deponi plehrash (f)	[dɛponí pléhraʃ]

cabina (f) telefónica	kabinë telefonike (f)	[kabínə tɛlɛfoníkɛ]
farola (f)	shtyllë dritash (f)	[ʃtýłə drítaʃ]
banco (m) (del parque)	stol (m)	[stol]

policía (m)	polic (m)	[políts]
policía (f) (~ nacional)	polici (f)	[politsí]
mendigo (m)	lypës (m)	[lýpəs]
persona (f) sin hogar	i pastrehë (m)	[i pastréhə]

54. Las instituciones urbanas

tienda (f)	dyqan (m)	[dycán]
farmacia (f)	farmaci (f)	[farmatsí]
óptica (f)	optikë (f)	[optíkə]
centro (m) comercial	qendër tregtare (f)	[céndər trɛgtárɛ]
supermercado (m)	supermarket (m)	[supɛrmarkét]

panadería (f)	furrë (f)	[fúrə]
panadero (m)	furrtar (m)	[furtár]
pastelería (f)	pastiçeri (f)	[pastitʃɛrí]
tienda (f) de comestibles	dyqan ushqimor (m)	[dycán uʃcimór]
carnicería (f)	dyqan mishi (m)	[dycán míʃi]

verdulería (f)	dyqan fruta-perimesh (m)	[dycán frúta-pɛrímɛʃ]
mercado (m)	treg (m)	[trɛg]

cafetería (f)	kafene (f)	[kafɛné]
restaurante (m)	restorant (m)	[rɛstoránt]
cervecería (f)	pab (m), pijetore (f)	[pab], [pijɛtórɛ]
pizzería (f)	piceri (f)	[pitsɛrí]

peluquería (f)	parukeri (f)	[parukɛrí]
oficina (f) de correos	zyrë postare (f)	[zýrə postárɛ]
tintorería (f)	pastrim kimik (m)	[pastrím kimík]
estudio (m) fotográfico	studio fotografike (f)	[stúdio fotografíkɛ]

zapatería (f)	dyqan këpucësh (m)	[dycán kəpútsəʃ]
librería (f)	librari (f)	[librarí]

tienda (f) deportiva	dyqan me mallra sportivë (m)	[dycán mɛ máɬra sportívə]
arreglos (m pl) de ropa	rrobaqepësi (f)	[robacɛpəsí]
alquiler (m) de ropa	dyqan veshjesh me qira (m)	[dycán véʃjɛʃ mɛ cirá]
videoclub (m)	dyqan videosh me qira (m)	[dycán vídɛoʃ mɛ cirá]
circo (m)	cirk (m)	[tsírk]
zoo (m)	kopsht zoologjik (m)	[kópʃt zooloɟík]
cine (m)	kinema (f)	[kinɛmá]
museo (m)	muze (m)	[muzé]
biblioteca (f)	bibliotekë (f)	[bibliotékə]
teatro (m)	teatër (m)	[tɛátər]
ópera (f)	opera (f)	[opéra]
club (m) nocturno	klub nate (m)	[klúb nátɛ]
casino (m)	kazino (f)	[kazíno]
mezquita (f)	xhami (f)	[dʒamí]
sinagoga (f)	sinagogë (f)	[sinagógə]
catedral (f)	katedrale (f)	[katɛdrálɛ]
templo (m)	tempull (m)	[témpuɬ]
iglesia (f)	kishë (f)	[kíʃə]
instituto (m)	kolegj (m)	[koléɟ]
universidad (f)	universitet (m)	[univɛrsitét]
escuela (f)	shkollë (f)	[ʃkóɬə]
prefectura (f)	prefekturë (f)	[prɛfɛktúrə]
alcaldía (f)	bashki (f)	[baʃkí]
hotel (m)	hotel (m)	[hotél]
banco (m)	bankë (f)	[bánkə]
embajada (f)	ambasadë (f)	[ambasádə]
agencia (f) de viajes	agjenci udhëtimesh (f)	[aɟɛntsí uðətímɛʃ]
oficina (f) de información	zyrë informacioni (f)	[zýrə informatsióni]
oficina (f) de cambio	këmbim valutor (m)	[kəmbím valutór]
metro (m)	metro (f)	[mɛtró]
hospital (m)	spital (m)	[spitál]
gasolinera (f)	pikë karburanti (f)	[píkə karburánti]
aparcamiento (m)	parking (m)	[parkíŋ]

55. Los avisos

letrero (m) (~ luminoso)	tabelë (f)	[tabélə]
cartel (m) (texto escrito)	njoftim (m)	[ɲoftím]
pancarta (f)	poster (m)	[postér]
signo (m) de dirección	tabelë drejtuese (f)	[tabélə drɛjtúɛsɛ]
flecha (f) (signo)	shigjetë (f)	[ʃi̯étə]
advertencia (f)	kujdes (m)	[kujdés]
aviso (m)	shenjë paralajmëruese (f)	[ʃéɲə paralajmərúɛsɛ]
advertir (vt)	paralajmëroj	[paralajmərój]

día (m) de descanso	ditë pushimi (f)	[dítə puʃími]
horario (m)	orar (m)	[orár]
horario (m) de apertura	orari i punës (m)	[orári i púnəs]
¡BIENVENIDOS!	MIRË SE VINI!	[mírə sɛ víni!]
ENTRADA	HYRJE	[hýrjɛ]
SALIDA	DALJE	[dáljɛ]
EMPUJAR	SHTY	[ʃty]
TIRAR	TËRHIQ	[tərhíc]
ABIERTO	HAPUR	[hápur]
CERRADO	MBYLLUR	[mbýɫur]
MUJERES	GRA	[gra]
HOMBRES	BURRA	[búra]
REBAJAS	ZBRITJE	[zbrítjɛ]
SALDOS	ULJE	[úljɛ]
NOVEDAD	TË REJA!	[tə réja!]
GRATIS	FALAS	[fálas]
¡ATENCIÓN!	KUJDES!	[kujdés!]
COMPLETO	NUK KA VENDE TË LIRA	[nuk ka véndɛ tə líra]
RESERVADO	E REZERVUAR	[ɛ rɛzɛrvúar]
ADMINISTRACIÓN	ADMINISTRATA	[administráta]
SÓLO PERSONAL AUTORIZADO	VETËM PËR STAFIN	[vétəm pər stáfin]
CUIDADO CON EL PERRO	RUHUNI NGA QENI!	[rúhuni ŋa céni!]
PROHIBIDO FUMAR	NDALOHET DUHANI	[ndalóhɛt duháni]
NO TOCAR	MOS PREK!	[mos prék!]
PELIGROSO	TË RREZIKSHME	[tə rɛzíkʃmɛ]
PELIGRO	RREZIK	[rɛzík]
ALTA TENSIÓN	TENSION I LARTË	[tɛnsión i lártə]
PROHIBIDO BAÑARSE	NUK LEJOHET NOTI!	[nuk lɛjóhɛt nóti!]
NO FUNCIONA	E PRISHUR	[ɛ príʃur]
INFLAMABLE	LËNDË DJEGËSE	[ləndə djégəsɛ]
PROHIBIDO	E NDALUAR	[ɛ ndalúar]
PROHIBIDO EL PASO	NDALOHET HYRJA	[ndalóhɛt hýrja]
RECIÉN PINTADO	BOJË E FRESKËT	[bójə ɛ fréskət]

56. El transporte urbano

autobús (m)	autobus (m)	[autobús]
tranvía (m)	tramvaj (m)	[tramváj]
trolebús (m)	autobus tramvaj (m)	[autobús tramváj]
itinerario (m)	itinerar (m)	[itinɛrár]
número (m)	numër (m)	[númər]
ir en ...	udhëtoj me ...	[uðətój mɛ ...]
tomar (~ el autobús)	hip	[hip]

bajar (~ del tren)	zbres ...	[zbrɛs ...]
parada (f)	stacion (m)	[statsión]
próxima parada (f)	stacioni tjetër (m)	[statsióni tjétər]
parada (f) final	terminal (m)	[tɛrminál]
horario (m)	orar (m)	[orár]
esperar (aguardar)	pres	[prɛs]
billete (m)	biletë (f)	[bilétə]
precio (m) del billete	çmim bilete (m)	[tʃmím bilétɛ]
cajero (m)	shitës biletash (m)	[ʃítəs bilétaʃ]
control (m) de billetes	kontroll biletash (m)	[kontróɫ bilétaʃ]
cobrador (m)	kontrollues biletash (m)	[kontroɫúɛs bilétaʃ]
llegar tarde (vi)	vonohem	[vonóhɛm]
perder (~ el tren)	humbas	[humbás]
tener prisa	nxitoj	[ndzitój]
taxi (m)	taksi (m)	[táksi]
taxista (m)	shofer taksie (m)	[ʃofér taksíɛ]
en taxi	me taksi	[mɛ táksi]
parada (f) de taxi	stacion taksish (m)	[statsión táksiʃ]
llamar un taxi	thërras taksi	[θərás táksi]
tomar un taxi	marr taksi	[mar táksi]
tráfico (m)	trafik (m)	[trafík]
atasco (m)	bllokim trafiku (m)	[bɫokím trafíku]
horas (f pl) de punta	orë e trafikut të rëndë (f)	[órə ɛ trafíkut tə rəndə]
aparcar (vi)	parkoj	[parkój]
aparcar (vt)	parkim	[parkím]
aparcamiento (m)	parking (m)	[parkíŋ]
metro (m)	metro (f)	[mɛtró]
estación (f)	stacion (m)	[statsión]
ir en el metro	shkoj me metro	[ʃkoj mɛ métro]
tren (m)	tren (m)	[trɛn]
estación (f)	stacion treni (m)	[statsión tréni]

57. La exploración del paisaje

monumento (m)	monument (m)	[monumént]
fortaleza (f)	kala (f)	[kalá]
palacio (m)	pallat (m)	[paɫát]
castillo (m)	kështjellë (f)	[kəʃtjéɫə]
torre (f)	kullë (f)	[kúɫə]
mausoleo (m)	mauzoleum (m)	[mauzolɛúm]
arquitectura (f)	arkitekturë (f)	[arkitɛktúrə]
medieval (adj)	mesjetare	[mɛsjɛtárɛ]
antiguo (adj)	e lashtë	[ɛ láʃtə]
nacional (adj)	kombëtare	[kombətárɛ]
conocido (adj)	i famshëm	[i fámʃəm]
turista (m)	turist (m)	[turíst]
guía (m) (persona)	udhërrëfyes (m)	[uðərəfýɛs]

excursión (f)	ekskursion (m)	[ɛkskursión]
mostrar (vt)	tregoj	[trɛgój]
contar (una historia)	dëftoj	[dəftój]

encontrar (hallar)	gjej	[ɟéj]
perderse (vr)	humbas	[humbás]
plano (m) (~ de metro)	hartë (f)	[hártə]
mapa (m) (~ de la ciudad)	hartë (f)	[hártə]

recuerdo (m)	suvenir (m)	[suvɛnír]
tienda (f) de regalos	dyqan dhuratash (m)	[dycán ðurátaʃ]
hacer fotos	bëj foto	[bəj fóto]
fotografiarse (vr)	bëj fotografi	[bəj fotografí]

58. Las compras

comprar (vt)	blej	[blɛj]
compra (f)	blerje (f)	[blérjɛ]
hacer compras	shkoj për pazar	[ʃkoj pər pazár]
compras (f pl)	pazar (m)	[pazár]

| estar abierto (tienda) | hapur | [hápur] |
| estar cerrado | mbyllur | [mbýɫur] |

calzado (m)	këpucë (f)	[kəpútsə]
ropa (f), vestido (m)	veshje (f)	[véʃjɛ]
cosméticos (m pl)	kozmetikë (f)	[kozmɛtíkə]
productos alimenticios	mallra ushqimore (f)	[máɫra uʃcimórɛ]
regalo (m)	dhuratë (f)	[ðurátə]

| vendedor (m) | shitës (m) | [ʃítəs] |
| vendedora (f) | shitëse (f) | [ʃítəsɛ] |

caja (f)	arkë (f)	[árkə]
espejo (m)	pasqyrë (f)	[pascýrə]
mostrador (m)	banak (m)	[bának]
probador (m)	dhomë prove (f)	[ðómə próvɛ]

probar (un vestido)	provoj	[provój]
quedar (una ropa, etc.)	më rri mirë	[mə ri mírə]
gustar (vi)	pëlqej	[pəlcéj]

precio (m)	çmim (m)	[tʃmím]
etiqueta (f) de precio	etiketa e çmimit (f)	[ɛtikéta ɛ tʃmímit]
costar (vt)	kushton	[kuʃtón]
¿Cuánto?	Sa?	[sa?]
descuento (m)	ulje (f)	[úljɛ]

no costoso (adj)	jo e shtrenjtë	[jo ɛ ʃtréɲtə]
barato (adj)	e lirë	[ɛ lírə]
caro (adj)	i shtrenjtë	[i ʃtréɲtə]
Es caro	Është e shtrenjtë	[əʃtə ɛ ʃtréɲtə]
alquiler (m)	qiramarrje (f)	[ciramárjɛ]
alquilar (vt)	marr me qira	[mar mɛ cirá]

| crédito (m) | kredit (m) | [krɛdít] |
| a crédito (adv) | me kredi | [mɛ krɛdí] |

59. El dinero

dinero (m)	para (f)	[pará]
cambio (m)	këmbim valutor (m)	[kəmbím valutór]
curso (m)	kurs këmbimi (m)	[kurs kəmbími]
cajero (m) automático	bankomat (m)	[bankomát]
moneda (f)	monedhë (f)	[monéðə]

| dólar (m) | dollar (m) | [doɫár] |
| euro (m) | euro (f) | [éuro] |

lira (f)	lirë (f)	[lírə]
marco (m) alemán	Marka gjermane (f)	[márka ɟɛrmánɛ]
franco (m)	franga (f)	[fráŋa]
libra esterlina (f)	sterlina angleze (f)	[stɛrlína aŋlézɛ]
yen (m)	jen (m)	[jén]

deuda (f)	borxh (m)	[bórdʒ]
deudor (m)	debitor (m)	[dɛbitór]
prestar (vt)	jap hua	[jap huá]
tomar prestado	marr hua	[mar huá]

banco (m)	bankë (f)	[bánkə]
cuenta (f)	llogari (f)	[ɫogarí]
ingresar (~ en la cuenta)	depozitoj	[dɛpozitój]
ingresar en la cuenta	depozitoj në llogari	[dɛpozitój nə ɫogarí]
sacar de la cuenta	tërheq	[tərhéc]

tarjeta (f) de crédito	kartë krediti (f)	[kártə krɛdíti]
dinero (m) en efectivo	kesh (m)	[kɛʃ]
cheque (m)	çek (m)	[tʃék]
sacar un cheque	lëshoj një çek	[ləʃój ɲə tʃék]
talonario (m)	bllok çeqesh (m)	[bɫók tʃécɛʃ]

cartera (f)	portofol (m)	[portofól]
monedero (m)	kuletë (f)	[kulétə]
caja (f) fuerte	kasafortë (f)	[kasafórtə]

heredero (m)	trashëgimtar (m)	[traʃəgimtár]
herencia (f)	trashëgimi (f)	[traʃəgimí]
fortuna (f)	pasuri (f)	[pasurí]

arriendo (m)	qira (f)	[cirá]
alquiler (m) (dinero)	qiraja (f)	[cirája]
alquilar (~ una casa)	marr me qira	[mar mɛ cirá]

precio (m)	çmim (m)	[tʃmím]
coste (m)	kosto (f)	[kósto]
suma (f)	shumë (f)	[ʃúmə]
gastar (vt)	shpenzoj	[ʃpɛnzój]
gastos (m pl)	shpenzime (f)	[ʃpɛnzímɛ]

| economizar (vi, vt) | kursej | [kurséj] |
| económico (adj) | ekonomik | [ɛkonomík] |

pagar (vi, vt)	paguaj	[pagúaj]
pago (m)	pagesë (f)	[pagésə]
cambio (m) (devolver el ~)	kusur (m)	[kusúr]

impuesto (m)	taksë (f)	[táksə]
multa (f)	gjobë (f)	[ɟóbə]
multar (vt)	vendos gjobë	[vɛndós ɟóbə]

60. La oficina de correos

oficina (f) de correos	zyrë postare (f)	[zýrə postárɛ]
correo (m) (cartas, etc.)	postë (f)	[póstə]
cartero (m)	postier (m)	[postiér]
horario (m) de apertura	orari i punës (m)	[orári i púnəs]

carta (f)	letër (f)	[létər]
carta (f) certificada	letër rekomande (f)	[létər rɛkomándɛ]
tarjeta (f) postal	kartolinë (f)	[kartolínə]
telegrama (m)	telegram (m)	[tɛlɛgrám]
paquete (m) postal	pako (f)	[páko]
giro (m) postal	transfer parash (m)	[transfér paráʃ]

recibir (vt)	pranoj	[pranój]
enviar (vt)	dërgoj	[dərgój]
envío (m)	dërgesë (f)	[dərgésə]

dirección (f)	adresë (f)	[adrésə]
código (m) postal	kodi postar (m)	[kódi postár]
expedidor (m)	dërguesi (m)	[dərgúɛsi]
destinatario (m)	pranues (m)	[pranúɛs]

| nombre (m) | emër (m) | [émər] |
| apellido (m) | mbiemër (m) | [mbiémər] |

tarifa (f)	tarifë postare (f)	[tarífə postárɛ]
ordinario (adj)	standard	[standárd]
económico (adj)	ekonomike	[ɛkonomíkɛ]

peso (m)	peshë (f)	[péʃə]
pesar (~ una carta)	peshoj	[pɛʃój]
sobre (m)	zarf (m)	[zarf]
sello (m)	pullë postare (f)	[púɫə postárɛ]
poner un sello	vendos pullën postare	[vɛndós púɫən postárɛ]

La vivienda. La casa. El hogar

61. La casa. La electricidad

electricidad (f)	elektricitet (m)	[ɛlɛktritsitét]
bombilla (f)	poç (m)	[potʃ]
interruptor (m)	çelës drite (m)	[tʃéləs drítɛ]
fusible (m)	siguresë (f)	[sigurésə]
hilo (m) (~ eléctrico)	kabllo (f)	[kábɫo]
instalación (f) eléctrica	rrjet elektrik (m)	[rjét ɛlɛktrík]
contador (m) de luz	njehsor elektrik (m)	[ɲɛhsór ɛlɛktrík]
lectura (f) (~ del contador)	matjet (pl)	[mátjɛt]

62. La villa. La mansión

casa (f) de campo	vilë (f)	[vílə]
villa (f)	vilë (f)	[vílə]
ala (f)	krah (m)	[krah]
jardín (m)	kopsht (m)	[kopʃt]
parque (m)	park (m)	[park]
invernadero (m) tropical	serrë (f)	[sérə]
cuidar (~ el jardín, etc.)	përkujdesem	[pərkujdésɛm]
piscina (f)	pishinë (f)	[piʃínə]
gimnasio (m)	palestër (f)	[paléstər]
cancha (f) de tenis	fushë tenisi (f)	[fúʃə tɛnísi]
sala (f) de cine	sallon teatri (m)	[saɫón tɛátri]
garaje (m)	garazh (m)	[garáʒ]
propiedad (f) privada	pronë private (f)	[prónə privátɛ]
terreno (m) privado	tokë private (f)	[tókə privátɛ]
advertencia (f)	paralajmërim (m)	[paralajmərím]
letrero (m) de aviso	shenjë paralajmëruese (f)	[ʃéɲə paralajmərúɛsɛ]
seguridad (f)	sigurim (m)	[sigurím]
guardia (m) de seguridad	roje sigurimi (m)	[rójɛ sigurími]
alarma (f) antirrobo	alarm (m)	[alárm]

63. El apartamento

apartamento (m)	apartament (m)	[apartamént]
habitación (f)	dhomë (f)	[ðómə]
dormitorio (m)	dhomë gjumi (f)	[ðómə ɟúmi]

comedor (m)	dhomë ngrënie (f)	[ðómə ŋrəníɛ]
salón (m)	dhomë ndeje (f)	[ðómə ndéjɛ]
despacho (m)	dhomë pune (f)	[ðómə púnɛ]

antecámara (f)	hyrje (f)	[hýrjɛ]
cuarto (m) de baño	banjo (f)	[báɲo]
servicio (m)	tualet (m)	[tualét]

techo (m)	tavan (m)	[taván]
suelo (m)	dysheme (f)	[dyʃɛmé]
rincón (m)	qoshe (f)	[cóʃɛ]

64. Los muebles. El interior

muebles (m pl)	orendi (f)	[orɛndí]
mesa (f)	tryezë (f)	[tryézə]
silla (f)	karrige (f)	[karígɛ]
cama (f)	shtrat (m)	[ʃtrat]

| sofá (m) | divan (m) | [diván] |
| sillón (m) | kolltuk (m) | [koɫtúk] |

| librería (f) | raft librash (m) | [ráft líbraʃ] |
| estante (m) | sergjen (m) | [sɛrɟén] |

armario (m)	gardërobë (f)	[gardəróbə]
percha (f)	varëse (f)	[várəsɛ]
perchero (m) de pie	varëse xhaketash (f)	[várəsɛ dʒakétaʃ]

| cómoda (f) | komodë (f) | [komódə] |
| mesa (f) de café | tryezë e ulët (f) | [tryézə ɛ úlət] |

espejo (m)	pasqyrë (f)	[pascýrə]
tapiz (m)	qilim (m)	[cilím]
alfombra (f)	tapet (m)	[tapét]

chimenea (f)	oxhak (m)	[odʒák]
candela (f)	qiri (m)	[círi]
candelero (m)	shandan (m)	[ʃandán]

cortinas (f pl)	perde (f)	[pérdɛ]
empapelado (m)	tapiceri (f)	[tapitsɛrí]
estor (m) de láminas	grila (f)	[gríla]

| lámpara (f) de mesa | llambë tavoline (f) | [ɫámbə tavolínɛ] |
| candil (m) | llambadar muri (m) | [ɫambadár múri] |

| lámpara (f) de pie | llambadar (m) | [ɫambadár] |
| lámpara (f) de araña | llambadar (m) | [ɫambadár] |

pata (f) (~ de la mesa)	këmbë (f)	[kémbə]
brazo (m)	mbështetëse krahu (f)	[mbəʃtétəsɛ kráhu]
espaldar (m)	mbështetëse (f)	[mbəʃtétəsɛ]
cajón (m)	sirtar (m)	[sirtár]

65. Los accesorios de la cama

ropa (f) de cama	çarçafë (pl)	[tʃartʃáfə]
almohada (f)	jastëk (m)	[jasték]
funda (f)	këllëf jastëku (m)	[kəɫéf jastéku]
manta (f)	jorgan (m)	[jorgán]
sábana (f)	çarçaf (m)	[tʃartʃáf]
sobrecama (f)	mbulesë (f)	[mbulésə]

66. La cocina

cocina (f)	kuzhinë (f)	[kuʒínə]
gas (m)	gaz (m)	[gaz]
cocina (f) de gas	sobë me gaz (f)	[sóbə mɛ gaz]
cocina (f) eléctrica	sobë elektrike (f)	[sóbə ɛlɛktríkɛ]
horno (m)	furrë (f)	[fúrə]
horno (m) microondas	mikrovalë (f)	[mikroválə]
frigorífico (m)	frigorifer (m)	[frigorifér]
congelador (m)	frigorifer (m)	[frigorifér]
lavavajillas (m)	pjatalarëse (f)	[pjatalárəsɛ]
picadora (f) de carne	grirëse mishi (f)	[grírəsɛ míʃi]
exprimidor (m)	shtrydhëse frutash (f)	[ʃtrýðəsɛ frútaʃ]
tostador (m)	toster (m)	[tostér]
batidora (f)	mikser (m)	[miksér]
cafetera (f) (aparato de cocina)	makinë kafeje (f)	[makínə kaféjɛ]
cafetera (f) (para servir)	kafetierë (f)	[kafɛtiérə]
molinillo (m) de café	mulli kafeje (f)	[muɫí káfɛjɛ]
hervidor (m) de agua	çajnik (m)	[tʃajník]
tetera (f)	çajnik (m)	[tʃajník]
tapa (f)	kapak (m)	[kapák]
colador (m) de té	sitë çaji (f)	[sítə tʃáji]
cuchara (f)	lugë (f)	[lúgə]
cucharilla (f)	lugë çaji (f)	[lúgə tʃáji]
cuchara (f) de sopa	lugë gjelle (f)	[lúgə ɟétɛ]
tenedor (m)	pirun (m)	[pirún]
cuchillo (m)	thikë (f)	[θíkə]
vajilla (f)	enë kuzhine (f)	[énə kuʒínɛ]
plato (m)	pjatë (f)	[pjátə]
platillo (m)	pjatë filxhani (f)	[pjátə fildʒáni]
vaso (m) de chupito	potir (m)	[potír]
vaso (m) (~ de agua)	gotë (f)	[gótə]
taza (f)	filxhan (m)	[fildʒán]
azucarera (f)	tas për sheqer (m)	[tas pər ʃɛcér]
salero (m)	kripore (f)	[kripórɛ]

pimentero (m)	enë piperi (f)	[énə pipéri]
mantequera (f)	pjatë gjalpi (f)	[pjátə ɟálpi]
cacerola (f)	tenxhere (f)	[tɛndʒérɛ]
sartén (f)	tigan (m)	[tigán]
cucharón (m)	garuzhdë (f)	[garúʒdə]
colador (m)	kullesë (f)	[kuɫésə]
bandeja (f)	tabaka (f)	[tabaká]
botella (f)	shishe (f)	[ʃíʃɛ]
tarro (m) de vidrio	kavanoz (m)	[kavanóz]
lata (f) de hojalata	kanoçe (f)	[kanótʃɛ]
abrebotellas (m)	hapëse shishesh (f)	[hapəsé ʃíʃɛʃ]
abrelatas (m)	hapëse kanoçesh (f)	[hapəsé kanótʃɛʃ]
sacacorchos (m)	turjelë tapash (f)	[turjélə tápaʃ]
filtro (m)	filtër (m)	[fíltər]
filtrar (vt)	filtroj	[filtrój]
basura (f)	pleh (m)	[plɛh]
cubo (m) de basura	kosh plehrash (m)	[koʃ pléhraʃ]

67. El baño

cuarto (m) de baño	banjo (f)	[báɲo]
agua (f)	ujë (m)	[újə]
grifo (m)	rubinet (m)	[rubinét]
agua (f) caliente	ujë i nxehtë (f)	[újə i ndzéhtə]
agua (f) fría	ujë i ftohtë (f)	[újə i ftóhtə]
pasta (f) de dientes	pastë dhëmbësh (f)	[pástə ðémbəʃ]
limpiarse los dientes	laj dhëmbët	[laj ðémbət]
cepillo (m) de dientes	furçë dhëmbësh (f)	[fúrtʃə ðémbəʃ]
afeitarse (vr)	rruhem	[rúhɛm]
espuma (f) de afeitar	shkumë rroje (f)	[ʃkumə rójɛ]
maquinilla (f) de afeitar	brisk (m)	[brísk]
lavar (vt)	laj duart	[laj dúart]
darse un baño	lahem	[láhɛm]
ducha (f)	dush (m)	[duʃ]
darse una ducha	bëj dush	[bəj dúʃ]
baño (m)	vaskë (f)	[váskə]
inodoro (m)	tualet (m)	[tualét]
lavabo (m)	lavaman (m)	[lavamán]
jabón (m)	sapun (m)	[sapún]
jabonera (f)	pjatë sapuni (f)	[pjátə sapúni]
esponja (f)	sfungjer (m)	[sfunɟér]
champú (m)	shampo (f)	[ʃampó]
toalla (f)	peshqir (m)	[pɛʃcír]
bata (f) de baño	peshqir trupi (m)	[pɛʃcír trúpi]

colada (f), lavado (m)	larje (f)	[lárjɛ]
lavadora (f)	makinë larëse (f)	[makínə lárəsɛ]
lavar la ropa	laj rroba	[laj róba]
detergente (m) en polvo	detergjent (m)	[dɛtɛrɟént]

68. Los aparatos domésticos

televisor (m)	televizor (m)	[tɛlɛvizór]
magnetófono (m)	inçizues me shirit (m)	[intʃizúɛs mɛ ʃirít]
vídeo (m)	video regjistrues (m)	[vídɛo rɛɟistrúɛs]
radio (f)	radio (f)	[rádio]
reproductor (m) (~ MP3)	kasetofon (m)	[kasɛtofón]

proyector (m) de vídeo	projektor (m)	[projɛktór]
sistema (m) home cinema	kinema shtëpie (f)	[kinɛmá ʃtəpíɛ]
reproductor (m) de DVD	DVD player (m)	[dividí plɛjər]
amplificador (m)	amplifikator (m)	[amplifikatór]
videoconsola (f)	konsol video loje (m)	[konsól vídɛo lójɛ]

cámara (f) de vídeo	videokamerë (f)	[vidɛokamérə]
cámara (f) fotográfica	aparat fotografik (m)	[aparát fotografík]
cámara (f) digital	kamerë digjitale (f)	[kamérə diɟitálɛ]

aspirador (m)	fshesë elektrike (f)	[fʃésə ɛlɛktríkɛ]
plancha (f)	hekur (m)	[hékur]
tabla (f) de planchar	tryezë për hekurosje (f)	[tryézə pər hɛkurósjɛ]

teléfono (m)	telefon (m)	[tɛlɛfón]
teléfono (m) móvil	celular (m)	[tsɛlulár]
máquina (f) de escribir	makinë shkrimi (f)	[makínə ʃkrími]
máquina (f) de coser	makinë qepëse (f)	[makínə cépəsɛ]

micrófono (m)	mikrofon (m)	[mikrofón]
auriculares (m pl)	kufje (f)	[kúfjɛ]
mando (m) a distancia	telekomandë (f)	[tɛlɛkomándə]

CD (m)	CD (f)	[tsɛdé]
casete (m)	kasetë (f)	[kasétə]
disco (m) de vinilo	pllakë gramafoni (f)	[pɫákə gramafóni]

LAS ACTIVIDADES DE LA GENTE

El trabajo. Los negocios. Unidad 1

69. La oficina. El trabajo de oficina

oficina (f)	zyrë (f)	[zýrə]
despacho (m)	zyrë (f)	[zýrə]
recepción (f)	recepsion (m)	[rɛtsɛpsión]
secretario (m)	sekretar (m)	[sɛkrɛtár]
secretaria (f)	sekretare (f)	[sɛkrɛtárɛ]
director (m)	drejtor (m)	[drɛjtór]
manager (m)	menaxher (m)	[mɛnadʒér]
contable (m)	kontabilist (m)	[kontabilíst]
colaborador (m)	punonjës (m)	[punóɲəs]
muebles (m pl)	orendi (f)	[orɛndí]
escritorio (m)	tavolinë pune (f)	[tavolínə púnɛ]
silla (f)	karrige pune (f)	[karígɛ púnɛ]
cajonera (f)	njësi sirtarësh (f)	[ɲəsí sirtárəʃ]
perchero (m) de pie	varëse xhaketash (f)	[várəsɛ dʒakétaʃ]
ordenador (m)	kompjuter (m)	[kompjutér]
impresora (f)	printer (m)	[printér]
fax (m)	aparat faksi (m)	[aparát fáksi]
fotocopiadora (f)	fotokopje (f)	[fotokópjɛ]
papel (m)	letër (f)	[létər]
papelería (f)	pajisje zyre (f)	[pajísjɛ zýrɛ]
alfombrilla (f) para ratón	shtroje e mausit (f)	[ʃtrójɛ ɛ máusit]
hoja (f) de papel	fletë (f)	[flétə]
carpeta (f)	dosje (f)	[dósjɛ]
catálogo (m)	katalog (m)	[katalóg]
directorio (m) telefónico	numerator telefonik (m)	[numɛratór tɛlɛfoník]
documentación (f)	dokumentacion (m)	[dokumɛntatsión]
folleto (m)	broshurë (f)	[broʃúrə]
prospecto (m)	fletëpalosje (f)	[flɛtəpalósjɛ]
muestra (f)	mostër (f)	[móstər]
reunión (f) de formación	takim trajnimi (m)	[takím trajnímí]
reunión (f)	takim (m)	[takím]
pausa (f) de almuerzo	pushim dreke (m)	[puʃím drékɛ]
hacer una copia	bëj fotokopje	[bəj fotokópjɛ]
hacer copias	shumëfishoj	[ʃuməfiʃój]
recibir un fax	marr faks	[mar fáks]
enviar un fax	dërgoj faks	[dərgój fáks]

llamar por teléfono	telefonoj	[tɛlɛfonój]
responder (vi, vt)	përgjigjem	[pərɟíɟɛm]
poner en comunicación	kaloj linjën	[kalój líɲən]
fijar (~ una reunión)	lë takim	[lə takím]
demostrar (vt)	tregoj	[trɛgój]
estar ausente	mungoj	[muŋój]
ausencia (f)	mungesë (f)	[muŋésə]

70. Los métodos de los negocios. Unidad 1

negocio (m), comercio (m)	biznes (m)	[biznés]
ocupación (f)	profesion (m)	[profɛsión]
firma (f)	firmë (f)	[fírmə]
compañía (f)	kompani (f)	[kompaní]
corporación (f)	korporatë (f)	[korporátə]
empresa (f)	ndërmarrje (f)	[ndərmárjɛ]
agencia (f)	agjenci (f)	[aɟɛntsí]
acuerdo (m)	marrëveshje (f)	[marəvéʃjɛ]
contrato (m)	kontratë (f)	[kontrátə]
trato (m), acuerdo (m)	marrëveshje (f)	[marəvéʃjɛ]
pedido (m)	porosi (f)	[porosí]
condición (f) del contrato	kushte (f)	[kúʃtɛ]
al por mayor (adv)	me shumicë	[mɛ ʃumítsə]
al por mayor (adj)	me shumicë	[mɛ ʃumítsə]
venta (f) al por mayor	me shumicë (f)	[mɛ ʃumítsə]
al por menor (adj)	me pakicë	[mɛ pakítsə]
venta (f) al por menor	me pakicë (f)	[mɛ pakítsə]
competidor (m)	konkurrent (m)	[konkurɛ́nt]
competencia (f)	konkurrencë (f)	[konkurɛ́ntsə]
competir (vi)	konkurroj	[konkurój]
socio (m)	ortak (m)	[orták]
sociedad (f)	partneritet (m)	[partnɛritɛ́t]
crisis (m)	krizë (f)	[krízə]
bancarrota (f)	falimentim (m)	[falimɛntím]
ir a la bancarrota	falimentoj	[falimɛntój]
dificultad (f)	vështirësi (f)	[vəʃtirəsí]
problema (m)	problem (m)	[problém]
catástrofe (f)	katastrofë (f)	[katastrófə]
economía (f)	ekonomi (f)	[ɛkonomí]
económico (adj)	ekonomik	[ɛkonomík]
recesión (f) económica	recesion ekonomik (m)	[rɛtsɛsión ɛkonomík]
meta (f)	qëllim (m)	[cətlím]
objetivo (m)	detyrë (f)	[dɛtýrə]
comerciar (vi)	tregtoj	[trɛgtój]
red (f) (~ comercial)	rrjet (m)	[rjét]

existencias (f pl)	inventar (m)	[invɛntár]
surtido (m)	gamë (f)	[gámə]
líder (m)	lider (m)	[lidér]
grande (empresa ~)	e madhe	[ɛ máðɛ]
monopolio (m)	monopol (m)	[monopól]
teoría (f)	teori (f)	[tɛorí]
práctica (f)	praktikë (f)	[praktíkə]
experiencia (f)	përvojë (f)	[pərvójə]
tendencia (f)	trend (m)	[trɛnd]
desarrollo (m)	zhvillim (m)	[ʒvitím]

71. Los métodos de los negocios. Unidad 2

rentabilidad (f)	fitim (m)	[fitím]
rentable (adj)	fitimprurës	[fitimprúrəs]
delegación (f)	delegacion (m)	[dɛlɛgatsión]
salario (m)	pagë (f)	[págə]
corregir (un error)	korrigjoj	[koriɟój]
viaje (m) de negocios	udhëtim pune (m)	[uðətím púnɛ]
comisión (f)	komision (m)	[komisión]
controlar (vt)	kontrolloj	[kontroɫój]
conferencia (f)	konferencë (f)	[konfɛréntsə]
licencia (f)	licencë (f)	[litséntsə]
fiable (socio ~)	i besueshëm	[i bɛsúɛʃəm]
iniciativa (f)	nismë (f)	[nísmə]
norma (f)	normë (f)	[nórmə]
circunstancia (f)	rrethanë (f)	[rɛθánə]
deber (m)	detyrë (f)	[dɛtýrə]
empresa (f)	organizatë (f)	[organizátə]
organización (f) (proceso)	organizativ (m)	[organizatív]
organizado (adj)	i organizuar	[i organizúar]
anulación (f)	anulim (m)	[anulím]
anular (vt)	anuloj	[anulój]
informe (m)	raport (m)	[rapórt]
patente (m)	patentë (f)	[paténtə]
patentar (vt)	patentoj	[patɛntój]
planear (vt)	planifikoj	[planifikój]
premio (m)	bonus (m)	[bonús]
profesional (adj)	profesional	[profɛsionál]
procedimiento (m)	procedurë (f)	[protsɛdúrə]
examinar (vt)	shqyrtoj	[ʃcyrtój]
cálculo (m)	llogaritje (f)	[ɫogarítjɛ]
reputación (f)	reputacion (m)	[rɛputatsión]
riesgo (m)	rrezik (m)	[rɛzík]
dirigir (administrar)	drejtoj	[drɛjtój]

información (f)	informacion (m)	[informatsión]
propiedad (f)	pronë (f)	[prónə]
unión (f)	bashkim (m)	[baʃkím]

seguro (m) de vida	sigurim jete (m)	[sigurím jétɛ]
asegurar (vt)	siguroj	[sigurój]
seguro (m)	sigurim (m)	[sigurím]

subasta (f)	ankand (m)	[ankánd]
notificar (informar)	njoftoj	[ɲoftój]
gestión (f)	menaxhim (m)	[mɛnadʒím]
servicio (m)	shërbim (m)	[ʃərbím]

foro (m)	forum (m)	[forúm]
funcionar (vi)	funksionoj	[funksionój]
etapa (f)	fazë (f)	[fázə]
jurídico (servicios ~s)	ligjor	[liɟór]
jurista (m)	avokat (m)	[avokát]

72. La producción. Los trabajos

planta (f)	uzinë (f)	[uzínə]
fábrica (f)	fabrikë (f)	[fabríkə]
taller (m)	punëtori (f)	[punətorí]
planta (f) de producción	punishte (f)	[puníʃtɛ]

industria (f)	industri (f)	[industrí]
industrial (adj)	industrial	[industriál]
industria (f) pesada	industri e rëndë (f)	[industrí ɛ rəndə]
industria (f) ligera	industri e lehtë (f)	[industrí ɛ léhtə]

producción (f)	produkt (m)	[prodúkt]
producir (vt)	prodhoj	[proðój]
materias (f pl) primas	lëndë e parë (f)	[léndə ɛ párə]

jefe (m) de brigada	përgjegjës (m)	[pərɟéɟəs]
brigada (f)	skuadër (f)	[skuádər]
obrero (m)	punëtor (m)	[punətór]

día (m) de trabajo	ditë pune (f)	[dítə púnɛ]
descanso (m)	pushim (m)	[puʃím]
reunión (f)	mbledhje (f)	[mbléðjɛ]
discutir (vt)	diskutoj	[diskutój]

plan (m)	plan (m)	[plan]
cumplir el plan	përmbush planin	[pərmbúʃ plánin]
tasa (f) de producción	normë prodhimi (f)	[nórmə proðími]
calidad (f)	cilësi (f)	[tsiləsí]
revisión (f)	kontroll (m)	[kontrółˈ]
control (m) de calidad	kontroll cilësie (m)	[kontrółˈ tsiləsíɛ]

seguridad (f) de trabajo	siguri në punë (f)	[sigurí nə púnə]
disciplina (f)	disiplinë (f)	[disiplínə]
infracción (f)	thyerje rregullash (f)	[θýɛrjɛ réguɫaʃ]

violar (las reglas)	thyej rregullat	[θýɛj régułat]
huelga (f)	grevë (f)	[grévə]
huelguista (m)	grevist (m)	[grɛvíst]
estar en huelga	jam në grevë	[jam nə grévə]
sindicato (m)	sindikatë punëtorësh (f)	[sindikátə punətórəʃ]

inventar (máquina, etc.)	shpik	[ʃpik]
invención (f)	shpikje (f)	[ʃpíkjɛ]
investigación (f)	kërkim (m)	[kərkím]
mejorar (vt)	përmirësoj	[pərmirəsój]
tecnología (f)	teknologji (f)	[tɛknoloɟí]
dibujo (m) técnico	vizatim teknik (m)	[vizatím tɛkník]

cargamento (m)	ngarkesë (f)	[ŋarkésə]
cargador (m)	ngarkues (m)	[ŋarkúɛs]
cargar (camión, etc.)	ngarkoj	[ŋarkój]
carga (f) (proceso)	ngarkimi	[ŋarkími]
descargar (vt)	shkarkoj	[ʃkarkój]
descarga (f)	shkarkim (m)	[ʃkarkím]

transporte (m)	transport (m)	[transpórt]
compañía (f) de transporte	agjenci transporti (f)	[aɟɛntsí transpórti]
transportar (vt)	transportoj	[transportój]

vagón (m)	vagon mallrash (m)	[vagón máłraʃ]
cisterna (f)	cisternë (f)	[tsistérnə]
camión (m)	kamion (m)	[kamión]

| máquina (f) herramienta | makineri veglash (f) | [makinɛrí vɛgláʃ] |
| mecanismo (m) | mekanizëm (m) | [mɛkanízəm] |

desperdicios (m pl)	mbetje industriale (f)	[mbétjɛ industriálɛ]
empaquetado (m)	paketim (m)	[pakɛtím]
embalar (vt)	paketoj	[pakɛtój]

73. El contrato. El acuerdo

contrato (m)	kontratë (f)	[kontrátə]
acuerdo (m)	marrëveshje (f)	[marəvéʃjɛ]
anexo (m)	shtojcë (f)	[ʃtójtsə]

firmar un contrato	nënshkruaj një kontratë	[nənʃkrúaj ɲə kontrátə]
firma (f) (nombre)	nënshkrim (m)	[nənʃkrím]
firmar (vt)	nënshkruaj	[nənʃkrúaj]
sello (m)	vulë (f)	[vúlə]

objeto (m) del acuerdo	objekt i kontratës (m)	[objékt i kontrátəs]
cláusula (f)	kusht (m)	[kuʃt]
partes (f pl)	palët (m)	[pálət]
domicilio (m) legal	adresa zyrtare (f)	[adrésa zyrtárɛ]

violar el contrato	mosrespektim kontrate	[mosrɛspɛktím kontrátɛ]
obligación (f)	detyrim (m)	[dɛtyrím]
responsabilidad (f)	përgjegjësi (f)	[pərɟɛɟəsí]

fuerza mayor (f)	forcë madhore (f)	[fórtsə maðórɛ]
disputa (f)	mosmarrëveshje (f)	[mosmarəvéʃjɛ]
penalidades (f pl)	ndëshkime (pl)	[ndəʃkímɛ]

74. Importación y Exportación

importación (f)	import (m)	[impórt]
importador (m)	importues (m)	[importúɛs]
importar (vt)	importoj	[importój]
de importación (adj)	i importuar	[i importúar]

exportación (f)	eksport (m)	[ɛksport]
exportador (m)	eksportues (m)	[ɛksportúɛs]
exportar (vt)	eksportoj	[ɛksportój]
de exportación (adj)	i eksportuar	[i ɛksportúar]

| mercancía (f) | mallra (pl) | [máɫra] |
| lote (m) de mercancías | ngarkesë (f) | [ŋarkésə] |

peso (m)	peshë (f)	[péʃə]
volumen (m)	vëllim (m)	[vəɫím]
metro (m) cúbico	metër kub (m)	[métər kúb]

productor (m)	prodhues (m)	[proðúɛs]
compañía (f) de transporte	agjenci transporti (f)	[aɟɛntsí transpórti]
contenedor (m)	kontejner (m)	[kontɛjnéɾ]

frontera (f)	kufi (m)	[kufí]
aduana (f)	doganë (f)	[dogánə]
derechos (m pl) arancelarios	taksë doganore (f)	[táksə doganórɛ]
aduanero (m)	doganier (m)	[doganiéɾ]
contrabandismo (m)	trafikim (m)	[trafikím]
contrabando (m)	kontrabandë (f)	[kontrabándə]

75. Las finanzas

acción (f)	stok (m)	[stok]
bono (m), obligación (f)	certifikatë valutore (f)	[tsɛrtifikátə valutórɛ]
letra (f) de cambio	letër me vlerë (f)	[létər mɛ vlérə]

| bolsa (f) | bursë (f) | [búrsə] |
| cotización (f) de valores | çmimi i stokut (m) | [tʃmími i stókut] |

| abaratarse (vr) | ulet | [úlɛt] |
| encarecerse (vr) | rritet | [rítɛt] |

| parte (f) | kuotë (f) | [kuótə] |
| interés (m) mayoritario | përqindje kontrolluese (f) | [pərcíndjɛ kontroɫúɛsɛ] |

inversiones (f pl)	investim (m)	[invɛstím]
invertir (vi, vt)	investoj	[invɛstój]
porcentaje (m)	përqindje (f)	[pərcíndjɛ]

interés (m)	interes (m)	[intɛrés]
beneficio (m)	fitim (m)	[fitím]
beneficioso (adj)	fitimprurës	[fitimprúrəs]
impuesto (m)	taksë (f)	[táksə]

divisa (f)	valutë (f)	[valútə]
nacional (adj)	kombëtare	[kombətárɛ]
cambio (m)	këmbim valute (m)	[kəmbím valútɛ]

contable (m)	kontabilist (m)	[kontabilíst]
contaduría (f)	kontabilitet (m)	[kontabilitét]

bancarrota (f)	falimentim (m)	[falimɛntím]
quiebra (f)	kolaps (m)	[koláps]
ruina (f)	rrënim (m)	[rəním]
arruinarse (vr)	rrënohem	[rənóhɛm]
inflación (f)	inflacion (m)	[inflatsión]
devaluación (f)	zhvlerësim (m)	[ʒvlɛrəsím]

capital (m)	kapital (m)	[kapitál]
ingresos (m pl)	të ardhura (f)	[tə árðura]
volumen (m) de negocio	qarkullim (m)	[caɾkuɫím]
recursos (m pl)	burime (f)	[burímɛ]
recursos (m pl) monetarios	burime monetare (f)	[burímɛ monɛtárɛ]

gastos (m pl) accesorios	shpenzime bazë (f)	[ʃpɛnzímɛ bázə]
reducir (vt)	zvogëloj	[zvogəlój]

76. La mercadotecnia

mercadotecnia (f)	marketing (m)	[markɛtíŋ]
mercado (m)	treg (m)	[trɛg]
segmento (m) del mercado	segment tregu (m)	[sɛgmént trégu]
producto (m)	produkt (m)	[prodúkt]
mercancía (f)	mallra (pl)	[máɫra]

marca (f)	markë (f)	[márkə]
marca (f) comercial	markë tregtare (f)	[márkə trɛgtárɛ]
logotipo (m)	logo (f)	[lógo]
logo (m)	logo (f)	[lógo]

demanda (f)	kërkesë (f)	[kərkésə]
oferta (f)	furnizim (m)	[furnizím]
necesidad (f)	nevojë (f)	[nɛvójə]
consumidor (m)	konsumator (m)	[konsumatór]

análisis (m)	analizë (f)	[analízə]
analizar (vt)	analizoj	[analizój]
posicionamiento (m)	vendosje (f)	[vɛndósjɛ]
posicionar (vt)	vendos	[vɛndós]

precio (m)	çmim (m)	[tʃmím]
política (f) de precios	politikë e çmimeve (f)	[politíkə ɛ tʃmímɛvɛ]
formación (m) de precios	formim i çmimit (m)	[formím i tʃmímit]

77. La publicidad

publicidad (f)	reklamë (f)	[rɛklámə]
publicitar (vt)	reklamoj	[rɛklamój]
presupuesto (m)	buxhet (m)	[budʒét]

anuncio (m) publicitario	reklamë (f)	[rɛklámə]
publicidad (f) televisiva	reklamë televizive (f)	[rɛklámə tɛlɛvizívɛ]
publicidad (f) radiofónica	reklamë në radio (f)	[rɛklámə nə rádio]
publicidad (f) exterior	reklamë ambientale (f)	[rɛklámə ambiɛntálɛ]

medios (m pl) de comunicación de masas	masmedia (f)	[masmédia]
periódico (m)	botim periodik (m)	[botím pɛriodík]
imagen (f)	imazh (m)	[imáʒ]

consigna (f)	slogan (m)	[slogán]
divisa (f)	moto (f)	[móto]

campaña (f)	fushatë (f)	[fuʃátə]
campaña (f) publicitaria	fushatë reklamuese (f)	[fuʃátə rɛklamúɛsɛ]
auditorio (m) objetivo	grup i synuar (m)	[grup i synúar]

tarjeta (f) de visita	kartëvizitë (f)	[kartəvizítə]
prospecto (m)	fletëpalosje (f)	[flɛtəpalósjɛ]
folleto (m)	broshurë (f)	[broʃúrə]
panfleto (m)	pamflet (m)	[pamflét]
boletín (m)	buletin (m)	[bulɛtín]

letrero (m) (~ luminoso)	tabelë (f)	[tabélə]
pancarta (f)	poster (m)	[postér]
valla (f) publicitaria	tabelë reklamash (f)	[tabélə rɛklámaʃ]

78. La banca

banco (m)	bankë (f)	[bánkə]
sucursal (f)	degë (f)	[dégə]

asesor (m) (~ fiscal)	punonjës banke (m)	[punóɲəs bánkɛ]
gerente (m)	drejtor (m)	[drɛjtór]

cuenta (f)	llogari bankare (f)	[ɬogarí bankárɛ]
numero (m) de la cuenta	numër llogarie (m)	[númər ɬogaríɛ]
cuenta (f) corriente	llogari rrjedhëse (f)	[ɬogarí rjéðəsɛ]
cuenta (f) de ahorros	llogari kursimesh (f)	[ɬogarí kursímɛʃ]

abrir una cuenta	hap një llogari	[hap ɲə ɬogarí]
cerrar la cuenta	mbyll një llogari	[mbýɬ ɲə ɬogarí]
ingresar en la cuenta	depozitoj në llogari	[dɛpozitój nə ɬogarí]
sacar de la cuenta	tërheq	[tərhéc]

depósito (m)	depozitë (f)	[dɛpozítə]
hacer un depósito	kryej një depozitim	[krýɛj ɲə dɛpozitím]

giro (m) bancario	transfer bankar (m)	[transfér bankár]
hacer un giro	transferoj para	[transfɛrój pará]
suma (f)	shumë (f)	[ʃúmə]
¿Cuánto?	Sa?	[sa?]
firma (f) (nombre)	nënshkrim (m)	[nənʃkrím]
firmar (vt)	nënshkruaj	[nənʃkrúaj]
tarjeta (f) de crédito	kartë krediti (f)	[kártə krɛdíti]
código (m)	kodi PIN (m)	[kódi pin]
número (m) de tarjeta de crédito	numri i kartës së kreditit (m)	[númri i kártəs sə krɛdítit]
cajero (m) automático	bankomat (m)	[bankomát]
cheque (m)	çek (m)	[tʃɛk]
sacar un cheque	lëshoj një çek	[ləʃój ɲə tʃék]
talonario (m)	bllok çeqesh (m)	[bɫók tʃécɛʃ]
crédito (m)	kredi (f)	[krɛdí]
pedir el crédito	aplikoj për kredi	[aplikój pər krɛdí]
obtener un crédito	marr kredi	[mar krɛdí]
conceder un crédito	jap kredi	[jap krɛdí]
garantía (f)	garanci (f)	[garantsí]

79. El teléfono. Las conversaciones telefónicas

teléfono (m)	telefon (m)	[tɛlɛfón]
teléfono (m) móvil	celular (m)	[tsɛlulár]
contestador (m)	sekretari telefonike (f)	[sɛkrɛtarí tɛlɛfoníkɛ]
llamar, telefonear	telefonoj	[tɛlɛfonój]
llamada (f)	telefonatë (f)	[tɛlɛfonátə]
marcar un número	i bie numrit	[i bíɛ númrit]
¿Sí?, ¿Dígame?	Përshëndetje!	[pərʃəndétjɛ!]
preguntar (vt)	pyes	[pýɛs]
responder (vi, vt)	përgjigjem	[pərɟíɟɛm]
oír (vt)	dëgjoj	[dəɟój]
bien (adv)	mirë	[mírə]
mal (adv)	jo mirë	[jo mírə]
ruidos (m pl)	zhurmë (f)	[ʒúrmə]
auricular (m)	marrës (m)	[márəs]
descolgar (el teléfono)	ngre telefonin	[ŋré tɛlɛfónin]
colgar el auricular	mbyll telefonin	[mbýɫ tɛlɛfónin]
ocupado (adj)	i zënë	[i zénə]
sonar (teléfono)	bie zilja	[bíɛ zílja]
guía (f) de teléfonos	numerator telefonik (m)	[numɛratór tɛlɛfoník]
local (adj)	lokale	[lokálɛ]
llamada (f) local	thirrje lokale (f)	[θírrjɛ lokálɛ]

de larga distancia	distancë e largët	[distántsə ɛ lárgət]
llamada (f) de larga distancia	thirrje në distancë (f)	[θírjɛ nə distántsə]
internacional (adj)	ndërkombëtar	[ndərkombətár]
llamada (f) internacional	thirrje ndërkombëtare (f)	[θírjɛ ndərkombətárɛ]

80. El teléfono celular

teléfono (m) móvil	celular (m)	[tsɛlulár]
pantalla (f)	ekran (m)	[ɛkrán]
botón (m)	buton (m)	[butón]
tarjeta SIM (f)	karta SIM (m)	[kárta sim]
pila (f)	bateri (f)	[batɛrí]
descargarse (vr)	e shkarkuar	[ɛ ʃkarkúar]
cargador (m)	karikues (m)	[karikúɛs]
menú (m)	menu (f)	[mɛnú]
preferencias (f pl)	parametra (f)	[paramétra]
melodía (f)	melodi (f)	[mɛlodí]
seleccionar (vt)	përzgjedh	[pərzɟéð]
calculadora (f)	makinë llogaritëse (f)	[makínə ɫogarítəsɛ]
contestador (m)	postë zanore (f)	[póstə zanórɛ]
despertador (m)	alarm (m)	[alárm]
contactos (m pl)	kontakte (pl)	[kontáktɛ]
mensaje (m) de texto	SMS (m)	[ɛsɛmɛs]
abonado (m)	abonent (m)	[abonént]

81. Los artículos de escritorio

bolígrafo (m)	stilolaps (m)	[stiloláps]
pluma (f) estilográfica	stilograf (m)	[stilográf]
lápiz (f)	laps (m)	[láps]
marcador (m)	shënjues (m)	[ʃənúɛs]
rotulador (m)	tushë me bojë (f)	[túʃə mɛ bójə]
bloc (m) de notas	bllok shënimesh (m)	[bɫók ʃənímɛʃ]
agenda (f)	agjendë (f)	[aɟéndə]
regla (f)	vizore (f)	[vizórɛ]
calculadora (f)	makinë llogaritëse (f)	[makínə ɫogarítəsɛ]
goma (f) de borrar	gomë (f)	[gómə]
chincheta (f)	pineskë (f)	[pinéskə]
clip (m)	kapëse fletësh (f)	[kápəsɛ flétəʃ]
pegamento (m)	ngjitës (m)	[nɟítəs]
grapadora (f)	ngjitës metalik (m)	[nɟítəs mɛtalík]
perforador (m)	hapës vrimash (m)	[hápəs vrímaʃ]
sacapuntas (m)	mprehëse lapsash (m)	[mpréhəsɛ lápsaʃ]

82. Tipos de negocios

contabilidad (f)	kontabilitet (m)	[kontabilitét]
publicidad (f)	reklamë (f)	[rɛklámə]
agencia (f) de publicidad	agjenci reklamash (f)	[aɟɛntsí rɛklámaʃ]
climatizadores (m pl)	kondicioner (m)	[konditsionér]
compañía (f) aérea	kompani ajrore (f)	[kompaní ajrórɛ]

bebidas (f pl) alcohólicas	pije alkoolike (pl)	[píjɛ alkoólikɛ]
antigüedad (f)	antikitete (pl)	[antikitétɛ]
galería (f) de arte	galeri e artit (f)	[galɛrí ɛ ártit]
servicios (m pl) de auditoría	shërbime auditimi (pl)	[ʃərbíme auditími]

negocio (m) bancario	industri bankare (f)	[industrí bankárɛ]
bar (m)	lokal (m)	[lokál]
salón (m) de belleza	sallon bukurie (m)	[saɫón bukuríɛ]
librería (f)	librari (f)	[librarí]
fábrica (f) de cerveza	birrari (f)	[birarí]
centro (m) de negocios	qendër biznesi (f)	[céndər biznési]
escuela (f) de negocios	shkollë biznesi (f)	[ʃkóɫə biznési]

casino (m)	kazino (f)	[kazíno]
construcción (f)	ndërtim (m)	[ndərtím]
consultoría (f)	konsulencë (f)	[konsuléntsə]

estomatología (f)	klinikë dentare (f)	[kliníkə dɛntárɛ]
diseño (m)	dizajn (m)	[dizájn]
farmacia (f)	farmaci (f)	[farmatsí]
tintorería (f)	pastrim kimik (m)	[pastrím kimík]
agencia (f) de empleo	agjenci punësimi (f)	[aɟɛntsí punəsími]

servicios (m pl) financieros	shërbime financiare (pl)	[ʃərbímɛ finantsiárɛ]
productos alimenticios	mallra ushqimore (f)	[máɫra uʃcimórɛ]
funeraria (f)	agjenci funeralesh (f)	[aɟɛntsí funɛráleʃ]
muebles (m pl)	orendi (f)	[orɛndí]
ropa (f), vestido (m)	rroba (f)	[róba]
hotel (m)	hotel (m)	[hotél]

helado (m)	akullore (f)	[akuɫórɛ]
industria (f)	industri (f)	[industrí]
seguro (m)	sigurim (m)	[sigurím]
internet (m), red (f)	internet (m)	[intɛrnét]
inversiones (f pl)	investim (m)	[invɛstím]

joyero (m)	argjendar (m)	[arɟɛndár]
joyería (f)	bizhuteri (f)	[biʒutɛrí]
lavandería (f)	lavanteri (f)	[lavantɛrí]
asesoría (f) jurídica	këshilltar ligjor (m)	[kəʃiɫtár liɟór]
industria (f) ligera	industri e lehtë (f)	[industrí ɛ léhtə]

revista (f)	revistë (f)	[rɛvístə]
venta (f) por catálogo	shitje me katalog (f)	[ʃítjɛ mɛ katalóg]
medicina (f)	mjekësi (f)	[mjɛkəsí]
cine (m) (iremos al ~)	kinema (f)	[kinɛmá]
museo (m)	muze (m)	[muzé]

agencia (f) de información	agjenci lajmesh (f)	[aɟɛntsí lájmɛʃ]
periódico (m)	gazetë (f)	[gazétə]
club (m) nocturno	klub nate (m)	[klúb nátɛ]

petróleo (m)	naftë (f)	[náftə]
servicio (m) de entrega	shërbime postare (f)	[ʃərbímɛ postáɾɛ]
industria (f) farmacéutica	industria farmaceutike (f)	[industría farmatsɛutíkɛ]
poligrafía (f)	shtyp (m)	[ʃtyp]
editorial (f)	shtëpi botuese (f)	[ʃtəpí botúɛsɛ]

radio (f)	radio (f)	[rádio]
inmueble (m)	patundshmëri (f)	[patundʃmərí]
restaurante (m)	restorant (m)	[rɛstoránt]

agencia (f) de seguridad	kompani sigurimi (f)	[kompaní sigurími]
deporte (m)	sport (m)	[sport]
bolsa (f) de comercio	bursë (f)	[búrsə]
tienda (f)	dyqan (m)	[dycán]
supermercado (m)	supermarket (m)	[supɛrmarkét]
piscina (f)	pishinë (f)	[piʃínə]

taller (m)	rrobaqepësi (f)	[robacɛpəsí]
televisión (f)	televizor (m)	[tɛlɛvizór]
teatro (m)	teatër (m)	[tɛátər]
comercio (m)	tregti (f)	[trɛgtí]
servicios de transporte	transport (m)	[transpórt]
turismo (m)	udhëtim (m)	[uðətím]

veterinario (m)	veteriner (m)	[vɛtɛrinér]
almacén (m)	magazinë (f)	[magazínə]
recojo (m) de basura	mbledhja e mbeturinave (f)	[mbléðja ɛ mbɛturínavɛ]

El trabajo. Los negocios. Unidad 2

83. El espectáculo. La exhibición

exposición, feria (f)	ekspozitë (f)	[ɛkspozítə]
feria (f) comercial	panair (m)	[panaír]

participación (f)	pjesëmarrje (f)	[pjɛsəmárjɛ]
participar (vi)	marr pjesë	[mar pjésə]
participante (m)	pjesëmarrës (m)	[pjɛsəmárəs]

director (m)	drejtor (m)	[drɛjtór]
dirección (f)	zyra drejtuese (f)	[zýra drɛjtúɛsɛ]
organizador (m)	organizator (m)	[organizatór]
organizar (vt)	organizoj	[organizój]

solicitud (f) de participación	kërkesë për pjesëmarrje (f)	[kərkésə pər pjɛsəmárjɛ]
rellenar (vt)	plotësoj	[plotəsój]
detalles (m pl)	hollësi (pl)	[hoɫəsí]
información (f)	informacion (m)	[informatsión]

precio (m)	çmim (m)	[tʃmím]
incluso	përfshirë	[pərfʃírə]
incluir (vt)	përfshij	[pərfʃíj]
pagar (vi, vt)	paguaj	[pagúaj]
cuota (f) de registro	taksa e regjistrimit (f)	[táksa ɛ rɛɟistrímit]

entrada (f)	hyrje (f)	[hýrjɛ]
pabellón (m)	pavijon (m)	[pavijón]
registrar (vt)	regjistroj	[rɛɟistrój]
tarjeta (f) de identificación	kartë identifikimi (f)	[kártə idɛntifikími]

stand (m)	kioskë (f)	[kióskə]
reservar (vt)	rezervoj	[rɛzɛrvój]

vitrina (f)	vitrinë (f)	[vitrínə]
lámpara (f)	dritë (f)	[drítə]
diseño (m)	dizajn (m)	[dizájn]
poner (colocar)	vendos	[vɛndós]
situarse (vr)	vendosur	[vɛndósur]

distribuidor (m)	distributor (m)	[distributór]
proveedor (m)	furnitor (m)	[furnitór]
suministrar (vt)	furnizoj	[furnizój]

país (m)	shtet (m)	[ʃtɛt]
extranjero (adj)	huaj	[húaj]
producto (m)	produkt (m)	[prodúkt]
asociación (f)	shoqatë (f)	[ʃocátə]
sala (f) de conferencias	sallë konference (f)	[sáɫə konfɛréntsɛ]

| congreso (m) | kongres (m) | [koŋrés] |
| concurso (m) | konkurs (m) | [konkúrs] |

visitante (m)	vizitor (m)	[vizitór]
visitar (vt)	vizitoj	[vizitój]
cliente (m)	klient (m)	[kliént]

84. La ciencia. La investigación. Los científicos

ciencia (f)	shkencë (f)	[ʃkéntsə]
científico (adj)	shkencore	[ʃkɛntsórɛ]
científico (m)	shkencëtar (m)	[ʃkɛntsətár]
teoría (f)	teori (f)	[tɛorí]

axioma (m)	aksiomë (f)	[aksiómə]
análisis (m)	analizë (f)	[analízə]
analizar (vt)	analizoj	[analizój]
argumento (m)	argument (m)	[arguménte]
sustancia (f) (materia)	substancë (f)	[substántsə]

hipótesis (f)	hipotezë (f)	[hipotézə]
dilema (m)	dilemë (f)	[dilémə]
tesis (f) de grado	disertacion (m)	[disɛrtatsión]
dogma (m)	dogma (f)	[dógma]

doctrina (f)	doktrinë (f)	[doktrínə]
investigación (f)	kërkim (m)	[kərkím]
investigar (vt)	kërkoj	[kərkój]
prueba (f)	analizë (f)	[analízə]
laboratorio (m)	laborator (m)	[laboratór]

método (m)	metodë (f)	[mɛtódə]
molécula (f)	molekulë (f)	[molɛkúlə]
seguimiento (m)	monitorim (m)	[monitorím]
descubrimiento (m)	zbulim (m)	[zbulím]

postulado (m)	postulat (m)	[postulát]
principio (m)	parim (m)	[parím]
pronóstico (m)	parashikim (m)	[paraʃikím]
pronosticar (vt)	parashikoj	[paraʃikój]

síntesis (f)	sintezë (f)	[sintézə]
tendencia (f)	trend (m)	[trɛnd]
teorema (m)	teoremë (f)	[tɛorémə]

enseñanzas (f pl)	mësim (m)	[məsím]
hecho (m)	fakt (m)	[fakt]
expedición (f)	ekspeditë (f)	[ɛkspɛdítə]
experimento (m)	eksperiment (m)	[ɛkspɛrimént]

académico (m)	akademik (m)	[akadɛmík]
bachiller (m)	baçelor (m)	[bátʃɛlor]
doctorado (m)	doktor shkencash (m)	[doktór ʃkéntsaʃ]
docente (m)	Profesor i Asociuar (m)	[profɛsór i asotsiúar]

| Master (m) (~ en Letras) | Master (m) | [mastér] |
| profesor (m) | profesor (m) | [profɛsór] |

Las profesiones y los oficios

85. La búsqueda de trabajo. El despido del trabajo

trabajo (m)	punë (f)	[púnə]
empleados (pl)	staf (m)	[staf]
personal (m)	personel (m)	[pɛrsonél]
carrera (f)	karrierë (f)	[kariérə]
perspectiva (f)	mundësi (f)	[mundəsí]
maestría (f)	aftësi (f)	[aftəsí]
selección (f)	përzgjedhje (f)	[pərzɟéðjɛ]
agencia (f) de empleo	agjenci punësimi (f)	[aɟɛntsí punəsími]
curriculum vitae (m)	resume (f)	[rɛsumé]
entrevista (f)	intervistë punësimi (f)	[intɛrvístə punəsími]
vacancia (f)	vend i lirë pune (m)	[vɛnd i lírə púnɛ]
salario (m)	rrogë (f)	[rógə]
salario (m) fijo	rrogë fikse (f)	[rógə fíksɛ]
remuneración (f)	pagesë (f)	[pagésə]
puesto (m) (trabajo)	post (m)	[post]
deber (m)	detyrë (f)	[dɛtýrə]
gama (f) de deberes	lista e detyrave (f)	[lísta ɛ dɛtýravɛ]
ocupado (adj)	i zënë	[i zénə]
despedir (vt)	pushoj nga puna	[puʃój ŋa púna]
despido (m)	pushim nga puna (m)	[puʃím ŋa púna]
desempleo (m)	papunësi (m)	[papunəsí]
desempleado (m)	i papunë (m)	[i papúnə]
jubilación (f)	pension (m)	[pɛnsión]
jubilarse	dal në pension	[dál nə pɛnsión]

86. Los negociantes

director (m)	drejtor (m)	[drɛjtór]
gerente (m)	drejtor (m)	[drɛjtór]
jefe (m)	bos (m)	[bos]
superior (m)	epror (m)	[ɛprór]
superiores (m pl)	eprorët (pl)	[ɛprórət]
presidente (m)	president (m)	[prɛsidént]
presidente (m) (de compañía)	kryetar (m)	[kryɛtár]
adjunto (m)	zëvendës (m)	[zəvéndəs]
asistente (m)	ndihmës (m)	[ndíhməs]

| secretario, -a (m, f) | sekretar (m) | [sɛkrɛtár] |
| secretario (m) particular | ndihmës personal (m) | [ndíhməs pɛrsonál] |

hombre (m) de negocios	biznesmen (m)	[biznɛsmén]
emprendedor (m)	sipërmarrës (m)	[sipərmárəs]
fundador (m)	themelues (m)	[θɛmɛlúɛs]
fundar (vt)	themeloj	[θɛmɛlój]

institutor (m)	bashkëthemelues (m)	[baʃkəθɛmɛlúɛs]
compañero (m)	partner (m)	[partnér]
accionista (m)	aksioner (m)	[aksionér]

millonario (m)	milioner (m)	[milionér]
multimillonario (m)	bilioner (m)	[bilionér]
propietario (m)	pronar (m)	[pronár]
terrateniente (m)	pronar tokash (m)	[pronár tókaʃ]

cliente (m)	klient (m)	[kliént]
cliente (m) habitual	klient i rregullt (m)	[kliént i régułt]
comprador (m)	blerës (m)	[blérəs]
visitante (m)	vizitor (m)	[vizitór]

profesional (m)	profesionist (m)	[profɛsioníst]
experto (m)	ekspert (m)	[ɛkspért]
especialista (m)	specialist (m)	[spɛtsialíst]

| banquero (m) | bankier (m) | [bankiér] |
| broker (m) | komisioner (m) | [komisionér] |

cajero (m)	arkëtar (m)	[arkətár]
contable (m)	kontabilist (m)	[kontabilíst]
guardia (m) de seguridad	roje sigurimi (m)	[rójɛ sigurími]

inversionista (m)	investitor (m)	[invɛstitór]
deudor (m)	debitor (m)	[dɛbitór]
acreedor (m)	kreditor (m)	[krɛditór]
prestatario (m)	huamarrës (m)	[huamárəs]

| importador (m) | importues (m) | [importúɛs] |
| exportador (m) | eksportues (m) | [ɛksportúɛs] |

productor (m)	prodhues (m)	[proðúɛs]
distribuidor (m)	distributor (m)	[distributór]
intermediario (m)	ndërmjetës (m)	[ndərmjétəs]

asesor (m) (~ fiscal)	këshilltar (m)	[kəʃiɫtár]
representante (m)	përfaqësues i shitjeve (m)	[pərfacəsúɛs i ʃitjévɛ]
agente (m)	agjent (m)	[aɟént]
agente (m) de seguros	agjent sigurimesh (m)	[aɟént sigurímɛʃ]

87. Los trabajos de servicio

| cocinero (m) | kuzhinier (m) | [kuʒiniér] |
| jefe (m) de cocina | shef kuzhine (m) | [ʃɛf kuʒínɛ] |

panadero (m)	furrtar (m)	[furtár]
barman (m)	banakier (m)	[banakiér]
camarero (m)	kamerier (m)	[kamεriér]
camarera (f)	kameriere (f)	[kamεriérε]

abogado (m)	avokat (m)	[avokát]
jurista (m)	jurist (m)	[juríst]
notario (m)	noter (m)	[notér]

electricista (m)	elektricist (m)	[εlεktritsíst]
fontanero (m)	hidraulik (m)	[hidraulík]
carpintero (m)	marangoz (m)	[maraŋóz]

masajista (m)	masazhist (m)	[masaʒíst]
masajista (f)	masazhiste (f)	[masaʒístε]
médico (m)	mjek (m)	[mjék]

taxista (m)	shofer taksie (m)	[ʃofér taksíε]
chófer (m)	shofer (m)	[ʃofér]
repartidor (m)	postier (m)	[postiér]

camarera (f)	pastruese (f)	[pastrúεsε]
guardia (m) de seguridad	roje sigurimi (m)	[rójε sigurími]
azafata (f)	stjuardesë (f)	[stjuardésə]

profesor (m) (~ de baile, etc.)	mësues (m)	[məsúεs]
bibliotecario (m)	punonjës biblioteke (m)	[punóɲəs bibliotékε]
traductor (m)	përkthyes (m)	[pərkθýεs]
intérprete (m)	përkthyes (m)	[pərkθýεs]
guía (m)	udhërrëfyes (m)	[uðərəfýεs]

peluquero (m)	parukiere (f)	[parukiérε]
cartero (m)	postier (m)	[postiér]
vendedor (m)	shitës (m)	[ʃítəs]

jardinero (m)	kopshtar (m)	[kopʃtár]
servidor (m)	shërbëtor (m)	[ʃərbətór]
criada (f)	shërbëtore (f)	[ʃərbətórε]
mujer (f) de la limpieza	pastruese (f)	[pastrúεsε]

88. La profesión militar y los rangos

soldado (m) raso	ushtar (m)	[uʃtár]
sargento (m)	rreshter (m)	[rεʃtér]
teniente (m)	toger (m)	[togér]
capitán (m)	kapiten (m)	[kapitén]

mayor (m)	major (m)	[majór]
coronel (m)	kolonel (m)	[kolonél]
general (m)	gjeneral (m)	[ɟεnεrál]
mariscal (m)	marshall (m)	[marʃáɫ]
almirante (m)	admiral (m)	[admirál]
militar (m)	ushtri (f)	[uʃtrí]
soldado (m)	ushtar (m)	[uʃtár]

oficial (m)	oficer (m)	[ofitsér]
comandante (m)	komandant (m)	[komandánt]
guardafronteras (m)	roje kufiri (m)	[rójɛ kufíri]
radio-operador (m)	radist (m)	[radíst]
explorador (m)	eksplorues (m)	[ɛksplorúɛs]
zapador (m)	xhenier (m)	[dʒɛniér]
tirador (m)	shënjues (m)	[ʃənúɛs]
navegador (m)	navigues (m)	[navigúɛs]

89. Los oficiales. Los sacerdotes

rey (m)	mbret (m)	[mbrét]
reina (f)	mbretëreshë (f)	[mbrɛtəréʃə]
príncipe (m)	princ (m)	[prints]
princesa (f)	princeshë (f)	[printséʃə]
zar (m)	car (m)	[tsár]
zarina (f)	carina (f)	[tsarína]
presidente (m)	president (m)	[prɛsidént]
ministro (m)	ministër (m)	[minístər]
primer ministro (m)	kryeministër (m)	[kryɛminístər]
senador (m)	senator (m)	[sɛnatór]
diplomático (m)	diplomat (m)	[diplomát]
cónsul (m)	konsull (m)	[kónsuɫ]
embajador (m)	ambasador (m)	[ambasadór]
consejero (m)	këshilltar diplomatik (m)	[kəʃiɫtár diplomatík]
funcionario (m)	zyrtar (m)	[zyrtár]
prefecto (m)	prefekt (m)	[prɛfékt]
alcalde (m)	kryetar komune (m)	[kryɛtár komúnɛ]
juez (m)	gjykatës (m)	[ɟykátəs]
fiscal (m)	prokuror (m)	[prokurór]
misionero (m)	misionar (m)	[misionár]
monje (m)	murg (m)	[murg]
abad (m)	abat (m)	[abát]
rabino (m)	rabin (m)	[rabín]
visir (m)	vezir (m)	[vɛzír]
sha (m), shah (m)	shah (m)	[ʃah]
jeque (m)	sheik (m)	[ʃéik]

90. Las profesiones agrícolas

apicultor (m)	bletar (m)	[blɛtár]
pastor (m)	bari (m)	[barí]
agrónomo (m)	agronom (m)	[agronóm]

| ganadero (m) | rritës bagëtish (m) | [rítəs bagətíʃ] |
| veterinario (m) | veteriner (m) | [vɛtɛrinér] |

granjero (m)	fermer (m)	[fɛrmér]
vinicultor (m)	prodhues verërash (m)	[proðúɛs vérəraʃ]
zoólogo (m)	zoolog (m)	[zoológ]
cowboy (m)	lopar (m)	[lopár]

91. Las profesiones artísticas

| actor (m) | aktor (m) | [aktór] |
| actriz (f) | aktore (f) | [aktórɛ] |

| cantante (m) | këngëtar (m) | [kəŋətár] |
| cantante (f) | këngëtare (f) | [kəŋətárɛ] |

| bailarín (m) | valltar (m) | [vaɬtár] |
| bailarina (f) | valltare (f) | [vaɬtárɛ] |

| artista (m) | artist (m) | [artíst] |
| artista (f) | artiste (f) | [artístɛ] |

músico (m)	muzikant (m)	[muzikánt]
pianista (m)	pianist (m)	[pianíst]
guitarrista (m)	kitarist (m)	[kitaríst]

director (m) de orquesta	dirigjent (m)	[diriɟént]
compositor (m)	kompozitor (m)	[kompozitór]
empresario (m)	organizator (m)	[organizatór]

director (m) de cine	regjisor (m)	[rɛɟisór]
productor (m)	producent (m)	[produtsént]
guionista (m)	skenarist (m)	[skɛnaríst]
crítico (m)	kritik (m)	[kritík]

escritor (m)	shkrimtar (m)	[ʃkrimtár]
poeta (m)	poet (m)	[poét]
escultor (m)	skulptor (m)	[skulptór]
pintor (m)	piktor (m)	[piktór]

malabarista (m)	zhongler (m)	[ʒoŋlér]
payaso (m)	kloun (m)	[kloún]
acróbata (m)	akrobat (m)	[akrobát]
ilusionista (m)	magjistar (m)	[maɟistár]

92. Profesiones diversas

médico (m)	mjek (m)	[mjék]
enfermera (f)	infermiere (f)	[infɛrmiérɛ]
psiquiatra (m)	psikiatër (m)	[psikiátər]
estomatólogo (m)	dentist (m)	[dɛntíst]
cirujano (m)	kirurg (m)	[kirúrg]

astronauta (m)	astronaut (m)	[astronaút]
astrónomo (m)	astronom (m)	[astronóm]
piloto (m)	pilot (m)	[pilót]

conductor (m) (chófer)	shofer (m)	[ʃofér]
maquinista (m)	makinist (m)	[makiníst]
mecánico (m)	mekanik (m)	[mɛkaník]

minero (m)	minator (m)	[minatór]
obrero (m)	punëtor (m)	[punətór]
cerrajero (m)	bravandreqës (m)	[bravandrécəs]
carpintero (m)	marangoz (m)	[maraŋóz]
tornero (m)	tornitor (m)	[tornitór]
albañil (m)	punëtor ndërtimi (m)	[punətór ndərtími]
soldador (m)	saldator (m)	[saldatór]

profesor (m) (título)	profesor (m)	[profɛsór]
arquitecto (m)	arkitekt (m)	[arkitékt]
historiador (m)	historian (m)	[historián]
científico (m)	shkencëtar (m)	[ʃkɛntsətár]
físico (m)	fizikant (m)	[fizikánt]
químico (m)	kimist (m)	[kimíst]

arqueólogo (m)	arkeolog (m)	[arkɛológ]
geólogo (m)	gjeolog (m)	[ɟɛológ]
investigador (m)	studiues (m)	[studiúɛs]

| niñera (f) | dado (f) | [dádo] |
| pedagogo (m) | mësues (m) | [məsúɛs] |

redactor (m)	redaktor (m)	[rɛdaktór]
redactor jefe (m)	kryeredaktor (m)	[kryɛrɛdaktór]
corresponsal (m)	korrespondent (m)	[korɛspondént]
mecanógrafa (f)	daktilografiste (f)	[daktilografístɛ]

diseñador (m)	projektues (m)	[projɛktúɛs]
especialista (m) en ordenadores	ekspert kompjuterësh (m)	[ɛkspért kompjutérəʃ]
programador (m)	programues (m)	[programúɛs]
ingeniero (m)	inxhinier (m)	[indʒiniér]

marino (m)	marinar (m)	[marinár]
marinero (m)	marinar (m)	[marinár]
socorrista (m)	shpëtimtar (m)	[ʃpətimtár]

bombero (m)	zjarrfikës (m)	[zjarfíkəs]
policía (m)	polic (m)	[políts]
vigilante (m) nocturno	roje (f)	[rójɛ]
detective (m)	detektiv (m)	[dɛtɛktív]

aduanero (m)	doganier (m)	[doganiér]
guardaespaldas (m)	truprojë (f)	[truprójə]
guardia (m) de prisiones	gardian burgu (m)	[gardián búrgu]
inspector (m)	inspektor (m)	[inspɛktór]
deportista (m)	sportist (m)	[sportíst]
entrenador (m)	trajner (m)	[trajnér]

carnicero (m)	kasap (m)	[kasáp]
zapatero (m)	këpucëtar (m)	[kəputsətár]
comerciante (m)	tregtar (m)	[trɛgtár]
cargador (m)	ngarkues (m)	[ŋarkúɛs]
diseñador (m) de modas	stilist (m)	[stilíst]
modelo (f)	modele (f)	[modélɛ]

93. Los trabajos. El estatus social

escolar (m)	nxënës (m)	[ndzə́nəs]
estudiante (m)	student (m)	[studént]
filósofo (m)	filozof (m)	[filozóf]
economista (m)	ekonomist (m)	[ɛkonomíst]
inventor (m)	shpikës (m)	[ʃpíkəs]
desempleado (m)	i papunë (m)	[i papúnə]
jubilado (m)	pensionist (m)	[pɛnsioníst]
espía (m)	spiun (m)	[spiún]
prisionero (m)	i burgosur (m)	[i burgósuɾ]
huelguista (m)	grevist (m)	[grɛvíst]
burócrata (m)	burokrat (m)	[burokrát]
viajero (m)	udhëtar (m)	[uðətár]
homosexual (m)	homoseksual (m)	[homosɛksuál]
hacker (m)	haker (m)	[hakéɾ]
hippie (m)	hipik (m)	[hipík]
bandido (m)	bandit (m)	[bandít]
sicario (m)	vrasës (m)	[vrásəs]
drogadicto (m)	narkoman (m)	[narkomán]
narcotraficante (m)	trafikant droge (m)	[trafikánt drógɛ]
prostituta (f)	prostitutë (f)	[prostitútə]
chulo (m), proxeneta (m)	tutor (m)	[tutóɾ]
brujo (m)	magjistar (m)	[maɟistáɾ]
bruja (f)	shtrigë (f)	[ʃtrígə]
pirata (m)	pirat (m)	[pirát]
esclavo (m)	skllav (m)	[skɫav]
samurai (m)	samurai (m)	[samurái]
salvaje (m)	i egër (m)	[i égəɾ]

La educación

94. La escuela

escuela (f)	shkollë (f)	[ʃkótə]
director (m) de escuela	drejtor shkolle (m)	[drɛjtór ʃkótɛ]
alumno (m)	nxënës (m)	[ndzǽnəs]
alumna (f)	nxënëse (f)	[ndzǽnəsɛ]
escolar (m)	nxënës (m)	[ndzǽnəs]
escolar (f)	nxënëse (f)	[ndzǽnəsɛ]
enseñar (vt)	jap mësim	[jap məsím]
aprender (ingles, etc.)	mësoj	[məsój]
aprender de memoria	mësoj përmendësh	[məsój pərméndəʃ]
aprender (a leer, etc.)	mësoj	[məsój]
estar en la escuela	jam në shkollë	[jam nə ʃkótə]
ir a la escuela	shkoj në shkollë	[ʃkoj nə ʃkótə]
alfabeto (m)	alfabet (m)	[alfabét]
materia (f)	lëndë (f)	[lǽndə]
clase (f), aula (f)	klasë (f)	[klásə]
lección (f)	mësim (m)	[məsím]
recreo (m)	pushim (m)	[puʃím]
campana (f)	zile e shkollës (f)	[zílɛ ɛ ʃkótəs]
pupitre (m)	bankë e shkollës (f)	[bánkə ɛ ʃkótəs]
pizarra (f)	tabelë e zezë (f)	[tabélə ɛ zézə]
nota (f)	notë (f)	[nótə]
buena nota (f)	notë e mirë (f)	[nótə ɛ mírə]
mala nota (f)	notë e keqe (f)	[nótə ɛ kécɛ]
poner una nota	vendos notë	[vɛndós nótə]
falta (f)	gabim (m)	[gabím]
hacer faltas	bëj gabime	[bəj gabímɛ]
corregir (un error)	korrigjoj	[koriɟój]
chuleta (f)	kopje (f)	[kópjɛ]
deberes (m pl) de casa	detyrë shtëpie (f)	[dɛtýrə ʃtəpíɛ]
ejercicio (m)	ushtrim (m)	[uʃtrím]
estar presente	jam prezent	[jam prɛzént]
estar ausente	mungoj	[muŋój]
faltar a las clases	mungoj në shkollë	[muŋój nə ʃkótə]
castigar (vt)	ndëshkoj	[ndəʃkój]
castigo (m)	ndëshkim (m)	[ndəʃkím]
conducta (f)	sjellje (f)	[sjétjɛ]

libreta (f) de notas	dëftesë (f)	[dəftésə]
lápiz (f)	laps (m)	[láps]
goma (f) de borrar	gomë (f)	[gómə]
tiza (f)	shkumës (m)	[ʃkúməs]
cartuchera (f)	portofol lapsash (m)	[portofól lápsaʃ]

mochila (f)	çantë shkolle (f)	[tʃántə ʃkóɫɛ]
bolígrafo (m)	stilolaps (m)	[stiloláps]
cuaderno (m)	fletore (f)	[flɛtórɛ]
manual (m)	tekst mësimor (m)	[tɛkst məsimór]
compás (m)	kompas (m)	[kompás]

| trazar (vi, vt) | vizatoj | [vizatój] |
| dibujo (m) técnico | vizatim teknik (m) | [vizatím tɛkník] |

poema (m), poesía (f)	poezi (f)	[poɛzí]
de memoria (adv)	përmendësh	[pərméndəʃ]
aprender de memoria	mësoj përmendësh	[məsój pərméndəʃ]

vacaciones (f pl)	pushimet e shkollës (m)	[puʃímɛt ɛ ʃkóɫəs]
estar de vacaciones	jam me pushime	[jam mɛ puʃímɛ]
pasar las vacaciones	kaloj pushimet	[kalój puʃímɛt]

prueba (f) escrita	test (m)	[tɛst]
composición (f)	ese (f)	[ɛsé]
dictado (m)	diktim (m)	[diktím]
examen (m)	provim (m)	[provím]
hacer un examen	kam provim	[kam provím]
experimento (m)	eksperiment (m)	[ɛkspɛrimént]

95. Los institutos. La Universidad

academia (f)	akademi (f)	[akadɛmí]
universidad (f)	universitet (m)	[univɛrsitét]
facultad (f)	fakultet (m)	[fakultét]

estudiante (m)	student (m)	[studént]
estudiante (f)	studente (f)	[studéntɛ]
profesor (m)	pedagog (m)	[pɛdagóg]

| aula (f) | auditor (m) | [auditór] |
| graduado (m) | i diplomuar (m) | [i diplomúar] |

| diploma (m) | diplomë (f) | [diplómə] |
| tesis (f) de grado | disertacion (m) | [disɛrtatsión] |

| estudio (m) | studim (m) | [studím] |
| laboratorio (m) | laborator (m) | [laboratór] |

| clase (f) | leksion (m) | [lɛksión] |
| compañero (m) de curso | shok kursi (m) | [ʃok kúrsi] |

| beca (f) | bursë (f) | [búrsə] |
| grado (m) académico | diplomë akademike (f) | [diplómə akadɛmíkɛ] |

96. Las ciencias. Las disciplinas

matemáticas (f pl)	matematikë (f)	[matɛmatíkə]
álgebra (f)	algjebër (f)	[alɟébər]
geometría (f)	gjeometri (f)	[ɟɛomɛtrí]

astronomía (f)	astronomi (f)	[astronomí]
biología (f)	biologji (f)	[bioloɟí]
geografía (f)	gjeografi (f)	[ɟɛografí]
geología (f)	gjeologji (f)	[ɟɛoloɟí]
historia (f)	histori (f)	[historí]

medicina (f)	mjekësi (f)	[mjɛkəsí]
pedagogía (f)	pedagogji (f)	[pɛdagoɟí]
derecho (m)	drejtësi (f)	[drɛjtəsí]

física (f)	fizikë (f)	[fizíkə]
química (f)	kimi (f)	[kimí]
filosofía (f)	filozofi (f)	[filozofí]
psicología (f)	psikologji (f)	[psikoloɟí]

97. Los sistemas de escritura. La ortografía

gramática (f)	gramatikë (f)	[gramatíkə]
vocabulario (m)	fjalor (m)	[fjalór]
fonética (f)	fonetikë (f)	[fonɛtíkə]

sustantivo (m)	emër (m)	[émər]
adjetivo (m)	mbiemër (m)	[mbiémər]
verbo (m)	folje (f)	[fóljɛ]
adverbio (m)	ndajfolje (f)	[ndajfóljɛ]

pronombre (m)	përemër (m)	[pərémər]
interjección (f)	pasthirrmë (f)	[pasθírrmə]
preposición (f)	parafjalë (f)	[parafjálə]

raíz (f), radical (m)	rrënjë (f)	[réɲə]
desinencia (f)	fundore (f)	[fundórɛ]
prefijo (m)	parashtesë (f)	[paraʃtésə]
sílaba (f)	rrokje (f)	[rókjɛ]
sufijo (m)	prapashtesë (f)	[prapaʃtésə]

acento (m)	theks (m)	[θɛks]
apóstrofo (m)	apostrof (m)	[apostróf]

punto (m)	pikë (f)	[píkə]
coma (f)	presje (f)	[présjɛ]
punto y coma	pikëpresje (f)	[pikəprésjɛ]
dos puntos (m pl)	dy pika (f)	[dy píka]
puntos (m pl) suspensivos	tre pika (f)	[trɛ píka]

signo (m) de interrogación	pikëpyetje (f)	[pikəpýɛtjɛ]
signo (m) de admiración	pikëçuditje (f)	[pikətʃudítjɛ]

comillas (f pl)	thonjëza (f)	[θóɲəza]
entre comillas	në thonjëza	[nə θóɲəza]
paréntesis (m)	kllapa (f)	[kɫápa]
entre paréntesis	brenda kllapave	[brénda kɫápavɛ]
guión (m)	vizë ndarëse (f)	[vízə ndárəsɛ]
raya (f)	vizë (f)	[vízə]
blanco (m)	hapësirë (f)	[hapəsírə]
letra (f)	shkronjë (f)	[ʃkróɲə]
letra (f) mayúscula	shkronjë e madhe (f)	[ʃkróɲə ɛ máðɛ]
vocal (f)	zanore (f)	[zanórɛ]
consonante (m)	bashkëtingëllore (f)	[baʃkətiŋəɫórɛ]
oración (f)	fjali (f)	[fjalí]
sujeto (m)	kryefjalë (f)	[kryɛfjálə]
predicado (m)	kallëzues (m)	[kaɫəzúɛs]
línea (f)	rresht (m)	[réʃt]
en una nueva línea	rresht i ri	[réʃt i rí]
párrafo (m)	paragraf (m)	[paragráf]
palabra (f)	fjalë (f)	[fjálə]
combinación (f) de palabras	grup fjalësh (m)	[grup fjáləʃ]
expresión (f)	shprehje (f)	[ʃpréhjɛ]
sinónimo (m)	sinonim (m)	[sinoním]
antónimo (m)	antonim (m)	[antoním]
regla (f)	rregull (m)	[réguɫ]
excepción (f)	përjashtim (m)	[pərjaʃtím]
correcto (adj)	saktë	[sáktə]
conjugación (f)	lakim (m)	[lakím]
declinación (f)	rasë	[rásə]
caso (m)	rasë emërore (f)	[rásə ɛmərórɛ]
pregunta (f)	pyetje (f)	[pýɛtjɛ]
subrayar (vt)	nënvijëzoj	[nənvijəzój]
línea (f) de puntos	vijë me ndërprerje (f)	[víjə mɛ ndərprérjɛ]

98. Los idiomas extranjeros

lengua (f)	gjuhë (f)	[ɟúhə]
extranjero (adj)	huaj	[húaj]
lengua (f) extranjera	gjuhë e huaj (f)	[ɟúhə ɛ húaj]
estudiar (vt)	studioj	[studiój]
aprender (ingles, etc.)	mësoj	[məsój]
leer (vi, vt)	lexoj	[lɛdzój]
hablar (vi, vt)	flas	[flas]
comprender (vt)	kuptoj	[kuptój]
escribir (vt)	shkruaj	[ʃkrúaj]
rápidamente (adv)	shpejt	[ʃpɛjt]
lentamente (adv)	ngadalë	[ŋadálə]

con fluidez (adv)	rrjedhshëm	[rjéðʃəm]
reglas (f pl)	rregullat (pl)	[régułat]
gramática (f)	gramatikë (f)	[gramatíkə]
vocabulario (m)	fjalor (m)	[fjalór]
fonética (f)	fonetikë (f)	[fonɛtíkə]

manual (m)	tekst mësimor (m)	[tɛkst məsimór]
diccionario (m)	fjalor (m)	[fjalór]
manual (m) autodidáctico	libër i mësimit autodidakt (m)	[líbər i məsímit autodidákt]
guía (f) de conversación	libër frazeologjik (m)	[líbər frazɛoloɟík]

casete (m)	kasetë (f)	[kasétə]
videocasete (f)	videokasetë (f)	[vidɛokasétə]
CD (m)	CD (f)	[tsɛdé]
DVD (m)	DVD (m)	[dividí]

alfabeto (m)	alfabet (m)	[alfabét]
deletrear (vt)	gërmëzoj	[gərməzój]
pronunciación (f)	shqiptim (m)	[ʃciptím]

acento (m)	aksent (m)	[aksént]
con acento	me aksent	[mɛ aksént]
sin acento	pa aksent	[pa aksént]

| palabra (f) | fjalë (f) | [fjálə] |
| significado (m) | kuptim (m) | [kuptím] |

cursos (m pl)	kurs (m)	[kurs]
inscribirse (vr)	regjistrohem	[rɛɟistróhɛm]
profesor (m) (~ de inglés)	mësues (m)	[məsúɛs]

traducción (f) (proceso)	përkthim (m)	[pərkθím]
traducción (f) (texto)	përkthim (m)	[pərkθím]
traductor (m)	përkthyes (m)	[pərkθýɛs]
intérprete (m)	përkthyes (m)	[pərkθýɛs]

| políglota (m) | poliglot (m) | [poliglót] |
| memoria (f) | kujtesë (f) | [kujtésə] |

Los restaurantes. El entretenimiento. El viaje

99. El viaje. Viajar

turismo (m)	turizëm (m)	[turízəm]
turista (m)	turist (m)	[turíst]
viaje (m)	udhëtim (m)	[uðətím]
aventura (f)	aventurë (f)	[avɛntúrə]
viaje (m)	udhëtim (m)	[uðətím]
vacaciones (f pl)	pushim (m)	[puʃím]
estar de vacaciones	jam me pushime	[jam mɛ puʃímɛ]
descanso (m)	pushim (m)	[puʃím]
tren (m)	tren (m)	[trɛn]
en tren	me tren	[mɛ trén]
avión (m)	avion (m)	[avión]
en avión	me avion	[mɛ avión]
en coche	me makinë	[mɛ makínə]
en barco	me anije	[mɛ aníjɛ]
equipaje (m)	bagazh (m)	[bagáʒ]
maleta (f)	valixhe (f)	[valídʒɛ]
carrito (m) de equipaje	karrocë bagazhesh (f)	[karótsə bagáʒɛʃ]
pasaporte (m)	pasaportë (f)	[pasapórtə]
visado (m)	vizë (f)	[vízə]
billete (m)	biletë (f)	[bilétə]
billete (m) de avión	biletë avioni (f)	[bilétə avióni]
guía (f) (libro)	guidë turistike (f)	[guídə turistíkɛ]
mapa (m)	hartë (f)	[hártə]
área (m) (~ rural)	zonë (f)	[zónə]
lugar (m)	vend (m)	[vɛnd]
exotismo (m)	ekzotikë (f)	[ɛkzotíkə]
exótico (adj)	ekzotik	[ɛkzotík]
asombroso (adj)	mahnitëse	[mahnítəsɛ]
grupo (m)	grup (m)	[grup]
excursión (f)	ekskursion (m)	[ɛkskursión]
guía (m) (persona)	udhërrëfyes (m)	[uðərəfýɛs]

100. El hotel

hotel (m), motel (m)	hotel (m)	[hotél]
motel (m)	motel (m)	[motél]
de tres estrellas	me tre yje	[mɛ trɛ ýjɛ]

| de cinco estrellas | me pesë yje | [mɛ pésə ýjɛ] |
| hospedarse (vr) | qëndroj | [cəndrój] |

habitación (f)	dhomë (f)	[ðómə]
habitación (f) individual	dhomë teke (f)	[ðómə tékɛ]
habitación (f) doble	dhomë dyshe (f)	[ðómə dýʃɛ]
reservar una habitación	rezervoj një dhomë	[rɛzɛrvój ɲə ðómə]

| media pensión (f) | gjysmë-pension (m) | [ɟýsmə-pɛnsión] |
| pensión (f) completa | pension i plotë (m) | [pɛnsión i plótə] |

con baño	me banjo	[mɛ báɲo]
con ducha	me dush	[mɛ dúʃ]
televisión (f) satélite	televizor satelitor (m)	[tɛlɛvizór satɛlitór]
climatizador (m)	kondicioner (m)	[konditsionér]
toalla (f)	peshqir (m)	[pɛʃcír]
llave (f)	çelës (m)	[tʃéləs]

administrador (m)	administrator (m)	[administratór]
camarera (f)	pastruese (f)	[pastrúɛsɛ]
maletero (m)	portier (m)	[portiér]
portero (m)	portier (m)	[portiér]

restaurante (m)	restorant (m)	[rɛstoránt]
bar (m)	pab (m), pijetore (f)	[pab], [pijɛtórɛ]
desayuno (m)	mëngjes (m)	[məɲɟés]
cena (f)	darkë (f)	[dárkə]
buffet (m) libre	bufe (f)	[bufé]

| vestíbulo (m) | holl (m) | [hoɫ] |
| ascensor (m) | ashensor (m) | [aʃɛnsór] |

| NO MOLESTAR | MOS SHQETËSONI | [mos ʃcɛtəsóni] |
| PROHIBIDO FUMAR | NDALOHET DUHANI | [ndalóhɛt duháni] |

EL EQUIPO TÉCNICO. EL TRANSPORTE

El equipo técnico

101. El computador

ordenador (m)	kompjuter (m)	[kompjutér]
ordenador (m) portátil	laptop (m)	[laptóp]
encender (vt)	ndez	[ndɛz]
apagar (vt)	fik	[fik]
teclado (m)	tastiera (f)	[tastiéra]
tecla (f)	çelës (m)	[tʃéləs]
ratón (m)	maus (m)	[máus]
alfombrilla (f) para ratón	shtroje e mausit (f)	[ʃtrójɛ ɛ máusit]
botón (m)	buton (m)	[butón]
cursor (m)	kursor (m)	[kursór]
monitor (m)	monitor (m)	[monitór]
pantalla (f)	ekran (m)	[ɛkrán]
disco (m) duro	hard disk (m)	[hárd dísk]
volumen (m) de disco duro	kapaciteti i hard diskut (m)	[kapatsitéti i hárd dískut]
memoria (f)	memorie (f)	[mɛmóriɛ]
memoria (f) operativa	memorie operative (f)	[mɛmóriɛ opɛratívɛ]
archivo, fichero (m)	skedë (f)	[skédə]
carpeta (f)	dosje (f)	[dósjɛ]
abrir (vt)	hap	[hap]
cerrar (vt)	mbyll	[mbyɬ]
guardar (un archivo)	ruaj	[rúaj]
borrar (vt)	fshij	[fʃíj]
copiar (vt)	kopjoj	[kopjój]
ordenar (vt) (~ de A a Z, etc.)	sistemoj	[sistɛmój]
copiar (vt)	transferoj	[transfɛrój]
programa (m)	program (m)	[prográm]
software (m)	softuer (f)	[softuér]
programador (m)	programues (m)	[programúɛs]
programar (vt)	programoj	[programój]
hacker (m)	haker (m)	[hakér]
contraseña (f)	fjalëkalim (m)	[fjaləkalím]
virus (m)	virus (m)	[virús]
detectar (vt)	zbuloj	[zbulój]
octeto (m)	bajt (m)	[bájt]

megaocteto (m)	megabajt (m)	[mɛgabájt]
datos (m pl)	të dhënat (pl)	[tə ðə́nat]
base (f) de datos	databazë (f)	[databázə]

cable (m)	kabllo (f)	[kábɫo]
desconectar (vt)	shkëpus	[ʃkəpús]
conectar (vt)	lidh	[lið]

102. El internet. El correo electrónico

internet (m), red (f)	internet (m)	[intɛrnét]
navegador (m)	shfletues (m)	[ʃflɛtúɛs]
buscador (m)	makineri kërkimi (f)	[makinɛrí kərkími]
proveedor (m)	ofrues (m)	[ofrúɛs]

webmaster (m)	uebmaster (m)	[uɛbmástɛr]
sitio (m) web	ueb-faqe (f)	[uéb-fácɛ]
página (f) web	ueb-faqe (f)	[uéb-fácɛ]

| dirección (f) | adresë (f) | [adrésə] |
| libro (m) de direcciones | libërth adresash (m) | [líbərθ adrésaʃ] |

buzón (m)	kuti postare (f)	[kutí postárɛ]
correo (m)	postë (f)	[póstə]
lleno (adj)	i mbushur	[i mbúʃur]

mensaje (m)	mesazh (m)	[mɛsáʒ]
correo (m) entrante	mesazhe të ardhura (pl)	[mɛsáʒɛ tə árðura]
correo (m) saliente	mesazhe të dërguara (pl)	[mɛsáʒɛ tə dərgúara]

expedidor (m)	dërguesi (m)	[dərgúɛsi]
enviar (vt)	dërgoj	[dərgój]
envío (m)	dërgesë (f)	[dərgésə]

| destinatario (m) | pranues (m) | [pranúɛs] |
| recibir (vt) | pranoj | [pranój] |

| correspondencia (f) | korrespondencë (f) | [korɛspondéntsə] |
| escribirse con ... | komunikim | [komunikím] |

archivo, fichero (m)	skedë (f)	[skédə]
descargar (vt)	shkarkoj	[ʃkarkój]
crear (vt)	krijoj	[krijój]
borrar (vt)	fshij	[fʃíj]
borrado (adj)	e fshirë	[ɛ fʃírə]

conexión (f) (ADSL, etc.)	lidhje (f)	[líðjɛ]
velocidad (f)	shpejtësi (f)	[ʃpɛjtəsí]
módem (m)	modem (m)	[modém]
acceso (m)	hyrje (f)	[hýrjɛ]
puerto (m)	port (m)	[port]

| conexión (f) (establecer la ~) | lidhje (f) | [líðjɛ] |
| conectarse a ... | lidhem me ... | [líðɛm mɛ ...] |

| seleccionar (vt) | përzgjedh | [pərzjéð] |
| buscar (vt) | kërkoj ... | [kərkój ...] |

103. La electricidad

electricidad (f)	elektricitet (m)	[ɛlɛktritsitét]
eléctrico (adj)	elektrik	[ɛlɛktrík]
central (f) eléctrica	hidrocentral (m)	[hidrotsɛntrál]
energía (f)	energji (f)	[ɛnɛrɟí]
energía (f) eléctrica	energji elektrike (f)	[ɛnɛrɟí ɛlɛktríkɛ]

bombilla (f)	poç (m)	[potʃ]
linterna (f)	llambë dore (f)	[ɫámbə dórɛ]
farola (f)	llambë rruge (f)	[ɫámbə rúgɛ]

luz (f)	dritë (f)	[drítə]
encender (vt)	ndez	[ndɛz]
apagar (vt)	fik	[fik]
apagar la luz	fik dritën	[fík drítən]

quemarse (vr)	digjet	[díɟɛt]
circuito (m) corto	qark i shkurtër (m)	[cark i ʃkúrtər]
ruptura (f)	tel i prishur (m)	[tɛl i príʃur]
contacto (m)	kontakt (m)	[kontákt]

interruptor (m)	çelës drite (m)	[tʃéləs drítɛ]
enchufe (m)	prizë (f)	[prízə]
clavija (f)	spinë (f)	[spínə]
alargador (m)	zgjatues (m)	[zɟatúɛs]

fusible (m)	siguresë (f)	[sigurésə]
hilo (m)	kabllo (f)	[kábɫo]
instalación (f) eléctrica	rrjet elektrik (m)	[rjét ɛlɛktrík]

amperio (m)	amper (m)	[ampér]
amperaje (m)	amperazh (f)	[ampɛráʒ]
voltio (m)	volt (m)	[volt]
voltaje (m)	voltazh (m)	[voltáʒ]

| aparato (m) eléctrico | aparat elektrik (m) | [aparát ɛlɛktrík] |
| indicador (m) | indikator (m) | [indikatór] |

electricista (m)	elektricist (m)	[ɛlɛktritsíst]
soldar (vt)	saldoj	[saldój]
soldador (m)	pajisje saldimi (f)	[pajísjɛ saldími]
corriente (f)	korrent elektrik (m)	[korént ɛlɛktrík]

104. Las herramientas

instrumento (m)	vegël (f)	[végəl]
instrumentos (m pl)	vegla (pl)	[végla]
maquinaria (f)	pajisje (f)	[pajísjɛ]

martillo (m)	çekiç (m)	[tʃɛkítʃ]
destornillador (m)	kaçavidë (f)	[katʃavídə]
hacha (f)	sëpatë (f)	[səpátə]
sierra (f)	sharrë (f)	[ʃárə]
serrar (vt)	sharroj	[ʃarój]
cepillo (m)	zdrukthues (m)	[zdrukθúɛs]
cepillar (vt)	zdrukthoj	[zdrukθój]
soldador (m)	pajisje saldimi (f)	[pajísjɛ saldími]
soldar (vt)	saldoj	[saldój]
lima (f)	limë (f)	[límə]
tenazas (f pl)	darë (f)	[dárə]
alicates (m pl)	pinca (f)	[píntsa]
escoplo (m)	daltë (f)	[dáltə]
broca (f)	turjelë (f)	[turjélə]
taladro (m)	shpuese elektrike (f)	[ʃpúɛsɛ ɛlɛktríkɛ]
taladrar (vi, vt)	shpoj	[ʃpoj]
cuchillo (m)	thikë (f)	[θíkə]
navaja (f)	thikë xhepi (f)	[θíkə dʒépi]
filo (m)	teh (m)	[tɛh]
agudo (adj)	i mprehtë	[i mpréhtə]
embotado (adj)	i topitur	[i topítur]
embotarse (vr)	bëhet e topitur	[béhɛt ɛ topítur]
afilar (vt)	mpreh	[mpréh]
perno (m)	vidë (f)	[vídə]
tuerca (f)	dado (f)	[dádo]
filete (m)	filetë e vidhës (f)	[filétə ɛ víðəs]
tornillo (m)	vidhë druri (f)	[víðə drúri]
clavo (m)	gozhdë (f)	[góʒdə]
cabeza (f) del clavo	kokë gozhde (f)	[kókə góʒdɛ]
regla (f)	vizore (f)	[vizórɛ]
cinta (f) métrica	metër (m)	[métər]
nivel (m) de burbuja	nivelizues (m)	[nivɛlizúɛs]
lupa (f)	lente zmadhuese (f)	[léntɛ zmaðúɛsɛ]
aparato (m) de medida	mjet matës (m)	[mjét mátəs]
medir (vt)	mas	[mas]
escala (f) (~ métrica)	gradë (f)	[grádə]
lectura (f)	matjet (pl)	[mátjɛt]
compresor (m)	kompresor (m)	[komprɛsór]
microscopio (m)	mikroskop (m)	[mikroskóp]
bomba (f) (~ de agua)	pompë (f)	[pómpə]
robot (m)	robot (m)	[robót]
láser (m)	laser (m)	[lasér]
llave (f) de tuerca	çelës (m)	[tʃéləs]
cinta (f) adhesiva	shirit ngjitës (m)	[ʃirít ɲjítəs]

pegamento (m)	ngjitës (m)	[nɟítəs]
papel (m) de lija	letër smeril (f)	[létər smɛríl]
resorte (m)	sustë (f)	[sústə]
imán (m)	magnet (m)	[magnét]
guantes (m pl)	dorëza (pl)	[dórəza]
cuerda (f)	litar (m)	[litár]
cordón (m)	kordon (m)	[kordón]
hilo (m) (~ eléctrico)	tel (m)	[tɛl]
cable (m)	kabllo (f)	[kábɫo]
almádana (f)	çekan i rëndë (m)	[tʃɛkán i rəndə]
barra (f)	levë (f)	[lévə]
escalera (f) portátil	shkallë (f)	[ʃkáɫə]
escalera (f) de tijera	shkallëz (f)	[ʃkáɫəz]
atornillar (vt)	vidhos	[viðós]
destornillar (vt)	zhvidhos	[ʒviðós]
apretar (vt)	shtrëngoj	[ʃtrəŋój]
pegar (vt)	ngjes	[nɟés]
cortar (vt)	pres	[prɛs]
fallo (m)	avari (f)	[avarí]
reparación (f)	riparim (m)	[riparím]
reparar (vt)	riparoj	[riparój]
regular, ajustar (vt)	rregulloj	[rɛguɫój]
verificar (vt)	kontrolloj	[kontroɫój]
control (m)	kontroll (m)	[kontróɫ]
lectura (f) (~ del contador)	matjet (pl)	[mátjɛt]
fiable (máquina)	e sigurt	[ɛ sígurt]
complicado (adj)	komplekse	[kompléksɛ]
oxidarse (vr)	ndryshket	[ndrýʃkɛt]
oxidado (adj)	e ndryshkur	[ɛ ndrýʃkur]
óxido (m)	ndryshk (m)	[ndrýʃk]

El transporte

105. El avión

avión (m)	avion (m)	[avión]
billete (m) de avión	biletë avioni (f)	[bilétə avióni]
compañía (f) aérea	kompani ajrore (f)	[kompaní ajrórɛ]
aeropuerto (m)	aeroport (m)	[aɛropórt]
supersónico (adj)	supersonik	[supɛrsoník]
comandante (m)	kapiten (m)	[kapitén]
tripulación (f)	ekip (m)	[ɛkíp]
piloto (m)	pilot (m)	[pilót]
azafata (f)	stjuardesë (f)	[stjuardésə]
navegador (m)	navigues (m)	[navigúɛs]
alas (f pl)	krahë (pl)	[kráhə]
cola (f)	bisht (m)	[biʃt]
cabina (f)	kabinë (f)	[kabínə]
motor (m)	motor (m)	[motór]
tren (m) de aterrizaje	karrel (m)	[karél]
turbina (f)	turbinë (f)	[turbínə]
hélice (f)	helikë (f)	[hɛlíkə]
caja (f) negra	kuti e zezë (f)	[kutí ɛ zézə]
timón (m)	timon (m)	[timón]
combustible (m)	karburant (m)	[karburánt]
instructivo (m) de seguridad	udhëzime sigurie (pl)	[uðəzímɛ siguríɛ]
respirador (m) de oxígeno	maskë oksigjeni (f)	[máskə oksiɟéni]
uniforme (m)	uniformë (f)	[unifórmə]
chaleco (m) salvavidas	jelek shpëtimi (m)	[jɛlék ʃpətími]
paracaídas (m)	parashutë (f)	[paraʃútə]
despegue (m)	ngritje (f)	[ŋrítjɛ]
despegar (vi)	fluturon	[fluturón]
pista (f) de despegue	pista e fluturimit (f)	[písta ɛ fluturímit]
visibilidad (f)	shikueshmëri (f)	[ʃikuɛʃmərí]
vuelo (m)	fluturim (m)	[fluturím]
altura (f)	lartësi (f)	[lartəsí]
pozo (m) de aire	xhep ajri (m)	[dʒɛp ájri]
asiento (m)	karrige (f)	[karígɛ]
auriculares (m pl)	kufje (f)	[kúfjɛ]
mesita (f) plegable	tabaka (f)	[tabaká]
ventana (f)	dritare avioni (f)	[dritárɛ avióni]
pasillo (m)	korridor (m)	[koridór]

106. El tren

tren (m)	tren (m)	[trɛn]
tren (m) eléctrico	tren elektrik (m)	[trɛn ɛlɛktrík]
tren (m) rápido	tren ekspres (m)	[trɛn ɛksprés]
locomotora (f) diésel	lokomotivë me naftë (f)	[lokomótivə mɛ náftə]
tren (m) de vapor	lokomotivë me avull (f)	[lokomótivə mɛ ávuɫ]
coche (m)	vagon (m)	[vagón]
coche (m) restaurante	vagon restorant (m)	[vagón rɛstoránt]
rieles (m pl)	shina (pl)	[ʃína]
ferrocarril (m)	hekurudhë (f)	[hɛkurúðə]
traviesa (f)	traversë (f)	[travérsə]
plataforma (f)	platformë (f)	[platfórmə]
vía (f)	binar (m)	[binár]
semáforo (m)	semafor (m)	[sɛmafór]
estación (f)	stacion (m)	[statsión]
maquinista (m)	makinist (m)	[makiníst]
maletero (m)	portier (m)	[portiér]
mozo (m) del vagón	konduktor (m)	[konduktór]
pasajero (m)	pasagjer (m)	[pasaɟér]
revisor (m)	konduktor (m)	[konduktór]
corredor (m)	korridor (m)	[koridór]
freno (m) de urgencia	frena urgjence (f)	[fréna urɟéntsɛ]
compartimiento (m)	ndarje (f)	[ndárjɛ]
litera (f)	kat (m)	[kat]
litera (f) de arriba	kati i sipërm (m)	[káti i sípərm]
litera (f) de abajo	kati i poshtëm (m)	[káti i póʃtəm]
ropa (f) de cama	shtroje shtrati (pl)	[ʃtrójɛ ʃtráti]
billete (m)	biletë (f)	[bilétə]
horario (m)	orar (m)	[orár]
pantalla (f) de información	tabelë e informatave (f)	[tabélə ɛ informátavɛ]
partir (vi)	niset	[nísɛt]
partida (f) (del tren)	nisje (f)	[nísjɛ]
llegar (tren)	arrij	[aríj]
llegada (f)	arritje (f)	[arítjɛ]
llegar en tren	arrij me tren	[aríj mɛ trɛn]
tomar el tren	hip në tren	[hip nə trén]
bajar del tren	zbres nga treni	[zbrɛs ŋa tréni]
descarrilamiento (m)	aksident hekurudhor (m)	[aksidént hɛkuruðór]
descarrilarse (vr)	del nga shinat	[dɛl ŋa ʃínat]
tren (m) de vapor	lokomotivë me avull (f)	[lokomótivə mɛ ávuɫ]
fogonero (m)	mbikëqyrës i zjarrit (m)	[mbikəcýrəs i zjárit]
hogar (m)	furrë (f)	[fúrə]
carbón (m)	qymyr (m)	[cymýr]

107. El barco

buque (m)	anije (f)	[aníjɛ]
navío (m)	mjet lundrues (m)	[mjét lundrúɛs]
buque (m) de vapor	anije me avull (f)	[aníjɛ mɛ ávuɬ]
motonave (m)	anije lumi (f)	[aníjɛ lúmi]
trasatlántico (m)	krocierë (f)	[krotsiérə]
crucero (m)	anije luftarake (f)	[aníjɛ luftarákɛ]
yate (m)	jaht (m)	[jáht]
remolcador (m)	anije rimorkiuese (f)	[aníjɛ rimorkiúɛsɛ]
barcaza (f)	anije transportuese (f)	[aníjɛ transportúɛsɛ]
ferry (m)	traget (m)	[tragét]
velero (m)	anije me vela (f)	[aníjɛ mɛ véla]
bergantín (m)	brigantinë (f)	[brigantínə]
rompehielos (m)	akullthyese (f)	[akuɬθýɛsɛ]
submarino (m)	nëndetëse (f)	[nəndétəsɛ]
bote (m) de remo	barkë (f)	[bárkə]
bote (m)	gomone (f)	[gomónɛ]
bote (m) salvavidas	varkë shpëtimi (f)	[várkə ʃpətími]
lancha (f) motora	skaf (m)	[skaf]
capitán (m)	kapiten (m)	[kapitén]
marinero (m)	marinar (m)	[marinár]
marino (m)	marinar (m)	[marinár]
tripulación (f)	ekip (m)	[ɛkíp]
contramaestre (m)	kryemarinar (m)	[kryɛmarinár]
grumete (m)	djali i anijes (m)	[djáli i aníjɛs]
cocinero (m) de abordo	kuzhinier (m)	[kuʒiniér]
médico (m) del buque	doktori i anijes (m)	[doktóri i aníjɛs]
cubierta (f)	kuverta (f)	[kuvérta]
mástil (m)	direk (m)	[dirék]
vela (f)	vela (f)	[véla]
bodega (f)	bagazh (m)	[bagáʒ]
proa (f)	harku sipëror (m)	[hárku sipərór]
popa (f)	pjesa e pasme (f)	[pjésa ɛ pásmɛ]
remo (m)	rrem (m)	[rɛm]
hélice (f)	helikë (f)	[hɛlíkə]
camarote (m)	kabinë (f)	[kabínə]
sala (f) de oficiales	zyrë e oficerëve (m)	[zýrə ɛ ofitsérəvɛ]
sala (f) de máquinas	salla e motorit (m)	[sáɬa ɛ motórit]
puente (m) de mando	urë komanduese (f)	[úrə komandúɛsɛ]
sala (f) de radio	kabina radiotelegrafike (f)	[kabína radiotɛlɛgrafíkɛ]
onda (f)	valë (f)	[válə]
cuaderno (m) de bitácora	libri i shënimeve (m)	[líbri i ʃənímɛvɛ]
anteojo (m)	dylbi (f)	[dylbí]
campana (f)	këmbanë (f)	[kəmbánə]

bandera (f)	flamur (m)	[flamúr]
cabo (m) (maroma)	pallamar (m)	[paɫamár]
nudo (m)	nyjë (f)	[nýjə]
pasamano (m)	parmakë (pl)	[parmákə]
pasarela (f)	shkallë (f)	[ʃkáɫə]
ancla (f)	spirancë (f)	[spirántsə]
levar ancla	ngre spirancën	[ŋré spirántsən]
echar ancla	hedh spirancën	[hɛð spirántsən]
cadena (f) del ancla	zinxhir i spirancës (m)	[zindʒír i spirántsəs]
puerto (m)	port (m)	[port]
embarcadero (m)	skelë (f)	[skélə]
amarrar (vt)	ankoroj	[ankorój]
desamarrar (vt)	niset	[nísɛt]
viaje (m)	udhëtim (m)	[uðətím]
crucero (m) (viaje)	udhëtim me krocierë (f)	[uðətím mɛ krotsiérə]
derrota (f) (rumbo)	kursi i udhëtimit (m)	[kúrsi i uðətímit]
itinerario (m)	itinerar (m)	[itinɛrár]
canal (m) navegable	ujëra të lundrueshme (f)	[újəra tə lundrúɛʃmɛ]
bajío (m)	cekëtinë (f)	[tsɛkətínə]
encallar (vi)	bllokohet në rërë	[bɫokóhɛt nə rərə]
tempestad (f)	stuhi (f)	[stuhí]
señal (f)	sinjal (m)	[siɲál]
hundirse (vr)	fundoset	[fundósɛt]
¡Hombre al agua!	Njeri në det!	[ɲɛrí nə dɛt!]
SOS	SOS (m)	[sos]
aro (m) salvavidas	bovë shpëtuese (f)	[bóvə ʃpətúɛsɛ]

108. El aeropuerto

aeropuerto (m)	aeroport (m)	[aɛropórt]
avión (m)	avion (m)	[avión]
compañía (f) aérea	kompani ajrore (f)	[kompaní ajrórɛ]
controlador (m) aéreo	kontroll i trafikut ajror (m)	[kontróɫ i trafíkut ajrór]
despegue (m)	nisje (f)	[nísjɛ]
llegada (f)	arritje (f)	[arítjɛ]
llegar (en avión)	arrij me avion	[aríj mɛ avión]
hora (f) de salida	nisja (f)	[nísja]
hora (f) de llegada	arritja (f)	[arítja]
retrasarse (vr)	vonesë	[vonésə]
retraso (m) de vuelo	vonesë avioni (f)	[vonésə avióni]
pantalla (f) de información	ekrani i informacioneve (m)	[ɛkráni i informatsiónɛvɛ]
información (f)	informacion (m)	[informatsión]
anunciar (vt)	njoftoj	[ɲoftój]
vuelo (m)	fluturim (m)	[fluturím]

aduana (f)	doganë (f)	[dogánə]
aduanero (m)	doganier (m)	[doganiér]

declaración (f) de aduana	deklarim doganor (m)	[dɛklarím doganór]
rellenar (vt)	plotësoj	[plotəsój]
rellenar la declaración	plotësoj deklaratën	[plotəsój dɛklarátən]
control (m) de pasaportes	kontroll pasaportash (m)	[kontrół pasapórtaʃ]

equipaje (m)	bagazh (m)	[bagáʒ]
equipaje (m) de mano	bagazh dore (m)	[bagáʒ dórɛ]
carrito (m) de equipaje	karrocë bagazhesh (f)	[karótsə bagáʒɛʃ]

aterrizaje (m)	aterrim (m)	[atɛrím]
pista (f) de aterrizaje	pistë aterrimi (f)	[pístə atɛrími]
aterrizar (vi)	aterroj	[atɛrój]
escaleras (f pl) (de avión)	shkallë avioni (f)	[ʃkáłə avióni]

facturación (f) (check-in)	regjistrim (m)	[rɛɟistrím]
mostrador (m) de facturación	sportel regjistrimi (m)	[sportél rɛɟistrími]
hacer el check-in	regjistrohem	[rɛɟistróhɛm]
tarjeta (f) de embarque	biletë e hyrjes (f)	[bilétə ɛ hýrjɛs]
puerta (f) de embarque	porta e nisjes (f)	[pórta ɛ nísjɛs]

tránsito (m)	transit (m)	[transít]
esperar (aguardar)	pres	[prɛs]
zona (f) de preembarque	salla e nisjes (f)	[sáła ɛ nísjɛs]
despedir (vt)	përcjell	[pərtsjéł]
despedirse (vr)	përshëndetem	[pərʃəndétɛm]

Acontecimentos de la vida

109. Los días festivos. Los eventos

fiesta (f)	festë (f)	[féstə]
fiesta (f) nacional	festë kombëtare (f)	[féstə kombətárɛ]
día (m) de fiesta	festë publike (f)	[féstə publíkɛ]
festejar (vt)	festoj	[fɛstój]

evento (m)	ceremoni (f)	[tsɛrɛmoní]
medida (f)	eveniment (m)	[ɛvɛnimént]
banquete (m)	banket (m)	[bankét]
recepción (f)	pritje (f)	[prítjɛ]
festín (m)	aheng (m)	[ahéŋ]

aniversario (m)	përvjetor (m)	[pərvjɛtór]
jubileo (m)	jubile (m)	[jubilé]
celebrar (vt)	festoj	[fɛstój]

Año (m) Nuevo	Viti i Ri (m)	[víti i rí]
¡Feliz Año Nuevo!	Gëzuar Vitin e Ri!	[gəzúar vítin ɛ rí!]
Papá Noel (m)	Santa Klaus (m)	[sánta kláus]

Navidad (f)	Krishtlindje (f)	[kriʃtlíndjɛ]
¡Feliz Navidad!	Gëzuar Krishtlindjen!	[gəzúar kriʃtlíndjɛn!]
árbol (m) de Navidad	péma e Krishtlindjes (f)	[péma ɛ kriʃtlíndjɛs]
fuegos (m pl) artificiales	fishekzjarrë (m)	[fiʃɛkzjárə]

boda (f)	dasmë (f)	[dásmə]
novio (m)	dhëndër (m)	[ðéndər]
novia (f)	nuse (f)	[núsɛ]

invitar (vt)	ftoj	[ftoj]
tarjeta (f) de invitación	ftesë (f)	[ftésə]

invitado (m)	mysafir (m)	[mysafír]
visitar (vt) (a los amigos)	vizitoj	[vizitój]
recibir a los invitados	takoj të ftuarit	[takój tə ftúarit]

regalo (m)	dhuratë (f)	[ðurátə]
regalar (vt)	dhuroj	[ðurój]
recibir regalos	marr dhurata	[mar ðuráta]
ramo (m) de flores	buqetë (f)	[bucétə]

felicitación (f)	urime (f)	[urímɛ]
felicitar (vt)	përgëzoj	[pərgəzój]

tarjeta (f) de felicitación	kartolinë (f)	[kartolínə]
enviar una tarjeta	dërgoj kartolinë	[dərgój kartolínə]
recibir una tarjeta	marr kartolinë	[mar kartolínə]

brindis (m)	dolli (f)	[doɫí]
ofrecer (~ una copa)	qeras	[cɛrás]
champaña (f)	shampanjë (f)	[ʃampáɲə]
divertirse (vr)	kënaqem	[kənácɛm]
diversión (f)	gëzim (m)	[gəzím]
alegría (f) (emoción)	gëzim (m)	[gəzím]
baile (m)	vallëzim (m)	[vaɫəzím]
bailar (vi, vt)	vallëzoj	[vaɫəzój]
vals (m)	vals (m)	[vals]
tango (m)	tango (f)	[táŋo]

110. Los funerales. El entierro

cementerio (m)	varreza (f)	[varéza]
tumba (f)	varr (m)	[var]
cruz (f)	kryq (m)	[kryc]
lápida (f)	gur varri (m)	[gur vári]
verja (f)	gardh (m)	[garð]
capilla (f)	kishëz (m)	[kíʃəz]
muerte (f)	vdekje (f)	[vdékjɛ]
morir (vi)	vdes	[vdɛs]
difunto (m)	i vdekuri (m)	[i vdékuri]
luto (m)	zi (f)	[zi]
enterrar (vt)	varros	[varós]
funeraria (f)	agjenci funeralesh (f)	[aɟɛntsí funɛrálɛʃ]
entierro (m)	funeral (m)	[funɛrál]
corona (f) funeraria	kurorë (f)	[kurórə]
ataúd (m)	arkivol (m)	[arkivól]
coche (m) fúnebre	makinë funebre (f)	[makínə funébrɛ]
mortaja (f)	qefin (m)	[cɛfín]
cortejo (m) fúnebre	kortezh (m)	[kortéʒ]
urna (f) funeraria	urnë (f)	[úrnə]
crematorio (m)	kremator (m)	[krɛmatór]
necrología (f)	përkujtim (m)	[pərkujtím]
llorar (vi)	qaj	[caj]
sollozar (vi)	qaj me dënesë	[caj mɛ dənésə]

111. La guerra. Los soldados

sección (f)	togë (f)	[tógə]
compañía (f)	kompani (f)	[kompaní]
regimiento (m)	regjiment (m)	[rɛɟimént]
ejército (m)	ushtri (f)	[uʃtrí]
división (f)	divizion (m)	[divizión]

| destacamento (m) | skuadër (f) | [skuádər] |
| hueste (f) | armatë (f) | [armátə] |

| soldado (m) | ushtar (m) | [uʃtár] |
| oficial (m) | oficer (m) | [ofitsér] |

soldado (m) raso	ushtar (m)	[uʃtár]
sargento (m)	rreshter (m)	[rɛʃtér]
teniente (m)	toger (m)	[togér]
capitán (m)	kapiten (m)	[kapitén]
mayor (m)	major (m)	[majór]
coronel (m)	kolonel (m)	[kolonél]
general (m)	gjeneral (m)	[ɟɛnɛrál]

marino (m)	marinar (m)	[marinár]
capitán (m)	kapiten (m)	[kapitén]
contramaestre (m)	kryemarinar (m)	[kryɛmarinár]
artillero (m)	artiljer (m)	[artiljér]
paracaidista (m)	parashutist (m)	[paraʃutíst]
piloto (m)	pilot (m)	[pilót]
navegador (m)	navigues (m)	[navigúɛs]
mecánico (m)	mekanik (m)	[mɛkaník]

zapador (m)	xhenier (m)	[dʒɛniér]
paracaidista (m)	parashutist (m)	[paraʃutíst]
explorador (m)	agjent zbulimi (m)	[aɟént zbulími]
francotirador (m)	snajper (m)	[snajpér]

patrulla (f)	patrullë (f)	[patrúłə]
patrullar (vi, vt)	patrulloj	[patrułój]
centinela (m)	rojë (f)	[rójə]
guerrero (m)	luftëtar (m)	[luftətár]
patriota (m)	patriot (m)	[patriót]
héroe (m)	hero (m)	[hɛró]
heroína (f)	heroinë (f)	[hɛroínə]

| traidor (m) | tradhtar (m) | [traðtár] |
| traicionar (vt) | tradhtoj | [traðtój] |

| desertor (m) | dezertues (m) | [dɛzɛrtúɛs] |
| desertar (vi) | dezertoj | [dɛzɛrtój] |

mercenario (m)	mercenar (m)	[mɛrtsɛnár]
recluta (m)	rekrut (m)	[rɛkrút]
voluntario (m)	vullnetar (m)	[vułnɛtár]

muerto (m)	vdekur (m)	[vdékur]
herido (m)	i plagosur (m)	[i plagósur]
prisionero (m)	rob lufte (m)	[rob lúftɛ]

112. La guerra. Las maniobras militares. Unidad 1

| guerra (f) | luftë (f) | [lúftə] |
| estar en guerra | në luftë | [nə lúftə] |

guerra (f) civil	luftë civile (f)	[lúftə tsivílɛ]
pérfidamente (adv)	pabesisht	[pabɛsíʃt]
declaración (f) de guerra	shpallje lufte (f)	[ʃpáɫjɛ lúftɛ]
declarar (~ la guerra)	shpall	[ʃpaɫ]
agresión (f)	agresion (m)	[agrɛsión]
atacar (~ a un país)	sulmoj	[sulmój]
invadir (vt)	pushtoj	[puʃtój]
invasor (m)	pushtues (m)	[puʃtúɛs]
conquistador (m)	pushtues (m)	[puʃtúɛs]
defensa (f)	mbrojtje (f)	[mbrójtjɛ]
defender (vt)	mbroj	[mbrój]
defenderse (vr)	mbrohem	[mbróhɛm]
enemigo (m)	armik (m)	[armík]
adversario (m)	kundërshtar (m)	[kundərʃtár]
enemigo (adj)	armike	[armíkɛ]
estrategia (f)	strategji (f)	[stratɛɟí]
táctica (f)	taktikë (f)	[taktíkə]
orden (f)	urdhër (m)	[úrðər]
comando (m)	komandë (f)	[komándə]
ordenar (vt)	urdhëroj	[urðərój]
misión (f)	mision (m)	[misión]
secreto (adj)	sekret	[sɛkrét]
combate (m), batalla (f)	betejë (f)	[bɛtéjə]
combate (m)	luftim (m)	[luftím]
ataque (m)	sulm (m)	[sulm]
asalto (m)	sulm (m)	[sulm]
tomar por asalto	sulmoj	[sulmój]
asedio (m), sitio (m)	nën rrethim (m)	[nən rɛθím]
ofensiva (f)	sulm (m)	[sulm]
tomar la ofensiva	kaloj në sulm	[kalój nə súlm]
retirada (f)	tërheqje (f)	[tərhécjɛ]
retirarse (vr)	tërhiqem	[tərhícɛm]
envolvimiento (m)	rrethim (m)	[rɛθím]
cercar (vt)	rrethoj	[rɛθój]
bombardeo (m)	bombardim (m)	[bombardím]
lanzar una bomba	hedh bombë	[hɛð bómbə]
bombear (vt)	bombardoj	[bombardój]
explosión (f)	shpërthim (m)	[ʃpərθím]
tiro (m), disparo (m)	e shtënë (f)	[ɛ ʃténə]
disparar (vi)	qëlloj	[cəɫój]
tiroteo (m)	të shtëna (pl)	[tə ʃténa]
apuntar a …	vë në shënjestër	[və nə ʃəɲéstər]
encarar (apuntar)	drejtoj armën	[drɛjtój ármən]

alcanzar (el objetivo)	qëlloj	[cəɫój]
hundir (vt)	fundos	[fundós]
brecha (f) (~ en el casco)	vrimë (f)	[vrímə]
hundirse (vr)	fundoset	[fundósɛt]

frente (m)	front (m)	[front]
evacuación (f)	evakuim (m)	[ɛvakuím]
evacuar (vt)	evakuoj	[ɛvakuój]

trinchera (f)	llogore (f)	[ɫogórɛ]
alambre (m) de púas	tel me gjemba (m)	[tɛl mɛ ɟémba]
barrera (f) (~ antitanque)	pengesë (f)	[pɛŋésə]
torre (f) de vigilancia	kullë vrojtuese (f)	[kúɫə vrojtúɛsɛ]

hospital (m)	spital ushtarak (m)	[spitál uʃtarák]
herir (vt)	plagos	[plagós]
herida (f)	plagë (f)	[plágə]
herido (m)	i plagosur (m)	[i plagósur]
recibir una herida grave (herida)	jam i plagosur rëndë	[jam i plagósur rə́ndə]

113. La guerra. Las maniobras militares. Unidad 2

cautiverio (m)	burgosje (f)	[burgósjɛ]
capturar (vt)	zë rob	[zə rob]
estar en cautiverio	mbahem rob	[mbáhɛm rób]
caer prisionero	zihem rob	[zíhɛm rob]

campo (m) de concentración	kamp përqendrimi (m)	[kamp pərcɛndrími]
prisionero (m)	rob lufte (m)	[rob lúftɛ]
escapar (de cautiverio)	arratisem	[aratísɛm]

traicionar (vt)	tradhtoj	[traðtój]
traidor (m)	tradhtar (m)	[traðtár]
traición (f)	tradhti (f)	[traðtí]

| fusilar (vt) | ekzekutoj | [ɛkzɛkutój] |
| fusilamiento (m) | ekzekutim (m) | [ɛkzɛkutím] |

equipo (m) (uniforme, etc.)	armatim (m)	[armatím]
hombrera (f)	spaletë (f)	[spalétə]
máscara (f) antigás	maskë antigaz (f)	[máskə antigáz]

radio transmisor (m)	radiomarrëse (f)	[radiomárəsɛ]
cifra (f) (código)	kod sekret (m)	[kód sɛkrét]
conspiración (f)	komplot (m)	[komplót]
contraseña (f)	fjalëkalim (m)	[fjaləkalím]

mina (f) terrestre	minë tokësore (f)	[mínə tokəsórɛ]
minar (poner minas)	minoj	[minój]
campo (m) minado	fushë e minuar (f)	[fúʃə ɛ minúar]

| alarma (f) aérea | alarm sulmi ajror (m) | [alárm súlmi ajrór] |
| alarma (f) | alarm (m) | [alárm] |

| señal (f) | sinjal (m) | [siɲál] |
| cohete (m) de señales | sinjalizues (m) | [siɲalizúɛs] |

estado (m) mayor	selia qendrore (f)	[sɛlía cɛndróɾɛ]
reconocimiento (m)	zbulim (m)	[zbulím]
situación (f)	gjendje (f)	[ɟéndjɛ]
informe (m)	raport (m)	[rapórt]
emboscada (f)	pritë (f)	[prítə]
refuerzo (m)	përforcim (m)	[pərfortsím]

blanco (m)	shënjestër (f)	[ʃəɲéstər]
terreno (m) de prueba	poligon (m)	[poligón]
maniobras (f pl)	manovra ushtarake (f)	[manóvra uʃtarákɛ]

pánico (m)	panik (m)	[paník]
devastación (f)	shkatërrim (m)	[ʃkatərím]
destrucciones (f pl)	gërmadha (pl)	[gərmáða]
destruir (vt)	shkatërroj	[ʃkatəról]

sobrevivir (vi, vt)	mbijetoj	[mbijɛtój]
desarmar (vt)	çarmatos	[tʃarmatós]
manejar (un arma)	manovroj	[manovrój]

| ¡Firmes! | Gatitu! | [gatitú!] |
| ¡Descanso! | Qetësohu! | [cɛtəsóhu!] |

hazaña (f)	akt heroik (m)	[ákt hɛroík]
juramento (m)	betim (m)	[bɛtím]
jurar (vt)	betohem	[bɛtóhɛm]

condecoración (f)	dekoratë (f)	[dɛkorátə]
condecorar (vt)	dekoroj	[dɛkorój]
medalla (f)	medalje (f)	[mɛdáljɛ]
orden (f) (~ de Merito)	urdhër medalje (m)	[úrðər mɛdáljɛ]

victoria (f)	fitore (f)	[fitórɛ]
derrota (f)	humbje (f)	[húmbjɛ]
armisticio (m)	armëpushim (m)	[armǝpuʃím]

bandera (f)	flamur beteje (m)	[flamúr bɛtéjɛ]
gloria (f)	famë (f)	[fámə]
desfile (m) militar	paradë (f)	[parádə]
marchar (desfilar)	marshoj	[marʃój]

114. Las armas

arma (f)	armë (f)	[árməa]
arma (f) de fuego	armë zjarri (f)	[árməa zjári]
arma (f) blanca	armë të ftohta (pl)	[árməa tə ftóhta]

arma (f) química	armë kimike (f)	[árməa kimíkɛ]
nuclear (adj)	nukleare	[nuklɛárɛ]
arma (f) nuclear	armë nukleare (f)	[árməa nuklɛárɛ]
bomba (f)	bombë (f)	[bómbə]

Spanish	Albanian	Pronunciation
bomba (f) atómica	bombë atomike (f)	[bómbə atomíkɛ]
pistola (f)	pistoletë (f)	[pistolétə]
fusil (m)	pushkë (f)	[púʃkə]
metralleta (f)	mitraloz (m)	[mitralóz]
ametralladora (f)	mitraloz (m)	[mitralóz]
boca (f)	grykë (f)	[grýkə]
cañón (m) (del arma)	tytë pushke (f)	[týtə púʃkɛ]
calibre (m)	kalibër (m)	[kalíbər]
gatillo (m)	këmbëz (f)	[kémbəz]
alza (f)	shënjestër (f)	[ʃəɲéstər]
cargador (m)	karikator (m)	[karikatór]
culata (f)	qytë (f)	[cýtə]
granada (f) de mano	bombë dore (f)	[bómbə dórɛ]
explosivo (m)	eksploziv (m)	[ɛksplozív]
bala (f)	plumb (m)	[plúmb]
cartucho (m)	fishek (m)	[fiʃék]
carga (f)	karikim (m)	[karikím]
pertrechos (m pl)	municion (m)	[munitsión]
bombardero (m)	avion bombardues (m)	[avión bombardúɛs]
avión (m) de caza	avion luftarak (m)	[avión luftarák]
helicóptero (m)	helikopter (m)	[hɛlikoptér]
antiaéreo (m)	armë anti-ajrore (f)	[ármə ánti-ajrórɛ]
tanque (m)	tank (m)	[tank]
cañón (m) (de un tanque)	top tanku (m)	[top tánku]
artillería (f)	artileri (f)	[artilɛrí]
cañón (m) (arma)	top (m)	[top]
dirigir (un misil, etc.)	vë në shënjestër	[və nə ʃəɲéstər]
obús (m)	mortajë (f)	[mortájə]
bomba (f) de mortero	bombë mortaje (f)	[bómbə mortájɛ]
mortero (m)	mortajë (f)	[mortájə]
trozo (m) de obús	copëz mortaje (f)	[tsópəz mortájɛ]
submarino (m)	nëndetëse (f)	[nəndétəsɛ]
torpedo (m)	silurë (f)	[silúrə]
misil (m)	raketë (f)	[rakétə]
cargar (pistola)	mbush	[mbúʃ]
tirar (vi)	qëlloj	[cəłój]
apuntar a ...	drejtoj	[drɛjtój]
bayoneta (f)	bajonetë (f)	[bajonétə]
espada (f) (duelo a ~)	shpatë (f)	[ʃpátə]
sable (m)	shpatë (f)	[ʃpátə]
lanza (f)	shtizë (f)	[ʃtízə]
arco (m)	hark (m)	[hárk]
flecha (f)	shigjetë (f)	[ʃiɟétə]
mosquete (m)	musketë (f)	[muskétə]
ballesta (f)	pushkë-shigjetë (f)	[púʃkə-ʃiɟétə]

115. Los pueblos antiguos

primitivo (adj)	prehistorik	[prɛhistorík]
prehistórico (adj)	prehistorike	[prɛhistoríkɛ]
antiguo (adj)	i lashtë	[i láʃtə]
Edad (f) de Piedra	Epoka e Gurit (f)	[ɛpóka ɛ gúrit]
Edad (f) de Bronce	Epoka e Bronzit (f)	[ɛpóka ɛ brónzit]
Edad (f) de Hielo	Epoka e akullit (f)	[ɛpóka ɛ ákuɫit]
tribu (f)	klan (m)	[klan]
caníbal (m)	kanibal (m)	[kanibál]
cazador (m)	gjahtar (m)	[ɟahtár]
cazar (vi, vt)	dal për gjah	[dál pər ɟáh]
mamut (m)	mamut (m)	[mamút]
caverna (f)	shpellë (f)	[ʃpéɫə]
fuego (m)	zjarr (m)	[zjar]
hoguera (f)	zjarr kampingu (m)	[zjar kampíŋu]
pintura (f) rupestre	vizatim në shpella (m)	[vizatím nə ʃpéɫa]
útil (m)	vegël (f)	[végəl]
lanza (f)	shtizë (f)	[ʃtízə]
hacha (f) de piedra	sëpatë guri (f)	[səpátə gúri]
estar en guerra	në luftë	[nə lúftə]
domesticar (vt)	zbus	[zbus]
ídolo (m)	idhull (m)	[íðuɫ]
adorar (vt)	adhuroj	[aðurój]
superstición (f)	besëtytni (f)	[bɛsətytní]
rito (m)	rit (m)	[rit]
evolución (f)	evolucion (m)	[ɛvolutsión]
desarrollo (m)	zhvillim (m)	[ʒviɫím]
desaparición (f)	zhdukje (f)	[ʒdúkjɛ]
adaptarse (vr)	përshtatem	[pərʃtátɛm]
arqueología (f)	arkeologji (f)	[arkɛoloɟí]
arqueólogo (m)	arkeolog (m)	[arkɛológ]
arqueológico (adj)	arkeologjike	[arkɛoloɟíkɛ]
sitio (m) de excavación	vendi i gërmimeve (m)	[véndi i gərmímɛvɛ]
excavaciones (f pl)	gërmime (pl)	[gərmímɛ]
hallazgo (m)	zbulim (m)	[zbulím]
fragmento (m)	fragment (m)	[fragmént]

116. La edad media

pueblo (m)	popull (f)	[pópuɫ]
pueblos (m pl)	popuj (pl)	[pópuj]
tribu (f)	klan (m)	[klan]
tribus (f pl)	klane (pl)	[klánɛ]
bárbaros (m pl)	barbarë (pl)	[barbárə]

galos (m pl)	Galët (pl)	[gálət]
godos (m pl)	Gotët (pl)	[gótət]
eslavos (m pl)	Sllavët (pl)	[sɫávət]
vikingos (m pl)	Vikingët (pl)	[vikíɳət]

| romanos (m pl) | Romakët (pl) | [romákət] |
| romano (adj) | romak | [romák] |

bizantinos (m pl)	Bizantinët (pl)	[bizantínət]
Bizancio (m)	Bizanti (m)	[bizánti]
bizantino (adj)	bizantine	[bizantínɛ]

emperador (m)	perandor (m)	[pɛrandór]
jefe (m)	prijës (m)	[príjəs]
poderoso (adj)	i fuqishëm	[i fucíʃəm]
rey (m)	mbret (m)	[mbrét]
gobernador (m)	sundimtar (m)	[sundimtár]

caballero (m)	kalorës (m)	[kalórəs]
señor (m) feudal	lord feudal (m)	[lórd fɛudál]
feudal (adj)	feudal	[fɛudál]
vasallo (m)	vasal (m)	[vasál]

duque (m)	dukë (f)	[dúkə]
conde (m)	kont (m)	[kont]
barón (m)	baron (m)	[barón]
obispo (m)	peshkop (m)	[pɛʃkóp]

armadura (f)	parzmore (f)	[parzmórɛ]
escudo (m)	mburojë (f)	[mburójə]
espada (f) (danza de ~s)	shpatë (f)	[ʃpátə]
visera (f)	ballnik (m)	[baɫník]
cota (f) de malla	thurak (m)	[θurák]

| cruzada (f) | Kryqëzata (f) | [krycəzáta] |
| cruzado (m) | kryqtar (m) | [kryctár] |

territorio (m)	territor (m)	[tɛritór]
atacar (~ a un país)	sulmoj	[sulmój]
conquistar (vt)	mposht	[mpóʃt]
ocupar (invadir)	pushtoj	[puʃtój]

asedio (m), sitio (m)	nën rrethim (m)	[nən rɛθím]
sitiado (adj)	i rrethuar	[i rɛθúar]
asediar, sitiar (vt)	rrethoj	[rɛθój]

inquisición (f)	inkuizicion (m)	[inkuizitsión]
inquisidor (m)	inkuizitor (m)	[inkuizitór]
tortura (f)	torturë (f)	[tortúrə]
cruel (adj)	mizor	[mizór]
hereje (m)	heretik (m)	[hɛrɛtík]
herejía (f)	herezi (f)	[hɛrɛzí]

navegación (f) marítima	lundrim (m)	[lundrím]
pirata (m)	pirat (m)	[pirát]
piratería (f)	pirateri (f)	[piratɛrí]

abordaje (m)	sulm me anije (m)	[sulm mɛ aníjɛ]
botín (m)	plaçkë (f)	[plátʃkə]
tesoros (m pl)	thesare (pl)	[θɛsárɛ]
descubrimiento (m)	zbulim (m)	[zbulím]
descubrir (tierras nuevas)	zbuloj	[zbulój]
expedición (f)	ekspeditë (f)	[ɛkspɛdítə]
mosquetero (m)	musketar (m)	[muskɛtár]
cardenal (m)	kardinal (m)	[kardinál]
heráldica (f)	heraldikë (f)	[hɛraldíkə]
heráldico (adj)	heraldik	[hɛraldík]

117. El líder. El jefe. Las autoridades

rey (m)	mbret (m)	[mbrét]
reina (f)	mbretëreshë (f)	[mbrɛtəréʃə]
real (adj)	mbretërore	[mbrɛtərórɛ]
reino (m)	mbretëri (f)	[mbrɛtərí]
príncipe (m)	princ (m)	[prints]
princesa (f)	princeshë (f)	[printséʃə]
presidente (m)	president (m)	[prɛsidént]
vicepresidente (m)	zëvendës president (m)	[zəvéndəs prɛsidént]
senador (m)	senator (m)	[sɛnatór]
monarca (m)	monark (m)	[monárk]
gobernador (m)	sundimtar (m)	[sundimtár]
dictador (m)	diktator (m)	[diktatór]
tirano (m)	tiran (m)	[tirán]
magnate (m)	manjat (m)	[maɲát]
director (m)	drejtor (m)	[drɛjtór]
jefe (m)	udhëheqës (m)	[uðəhécəs]
gerente (m)	drejtor (m)	[drɛjtór]
amo (m)	bos (m)	[bos]
dueño (m)	pronar (m)	[pronár]
jefe (m), líder (m)	lider (m)	[lidér]
jefe (m) (~ de delegación)	kryetar (m)	[kryɛtár]
autoridades (f pl)	autoritetet (pl)	[autoritétɛt]
superiores (m pl)	eprorët (pl)	[ɛprórət]
gobernador (m)	guvernator (m)	[guvɛrnatór]
cónsul (m)	konsull (m)	[kónsuɫ]
diplomático (m)	diplomat (m)	[diplomát]
alcalde (m)	kryetar komune (m)	[kryɛtár komúnɛ]
sheriff (m)	sherif (m)	[ʃɛríf]
emperador (m)	perandor (m)	[pɛrandór]
zar (m)	car (m)	[tsár]
faraón (m)	faraon (m)	[faraón]
jan (m), kan (m)	khan (m)	[khán]

118. Violar la ley. Los criminales. Unidad 1

bandido (m)	bandit (m)	[bandít]
crimen (m)	krim (m)	[krim]
criminal (m)	kriminel (m)	[kriminél]
ladrón (m)	hajdut (m)	[hajdút]
robar (vt)	vjedh	[vjɛð]
robo (m)	vjedhje (f)	[vjéðjɛ]
secuestrar (vt)	rrëmbej	[rəmbéj]
secuestro (m)	rrëmbim (m)	[rəmbím]
secuestrador (m)	rrëmbyes (m)	[rəmbýɛs]
rescate (m)	shpërblesë (f)	[ʃpərblésə]
exigir un rescate	kërkoj shpërblesë	[kərkój ʃpərblésə]
robar (vt)	grabis	[grabís]
robo (m)	grabitje (f)	[grabítjɛ]
atracador (m)	grabitës (m)	[grabítəs]
extorsionar (vt)	zhvat	[ʒvat]
extorsionista (m)	zhvatës (m)	[ʒvátəs]
extorsión (f)	zhvatje (f)	[ʒvátjɛ]
matar, asesinar (vt)	vras	[vras]
asesinato (m)	vrasje (f)	[vrásjɛ]
asesino (m)	vrasës (m)	[vrásəs]
tiro (m), disparo (m)	e shtënë (f)	[ɛ ʃténə]
disparar (vi)	qëlloj	[cəɫój]
matar (a tiros)	qëlloj për vdekje	[cəɫój pər vdékjɛ]
tirar (vi)	qëlloj	[cəɫój]
tiroteo (m)	të shtëna (pl)	[tə ʃténa]
incidente (m)	incident (m)	[intsidént]
pelea (f)	përleshje (f)	[pərléʃjɛ]
¡Socorro!	Ndihmë!	[ndíhmə!]
víctima (f)	viktimë (f)	[viktímə]
perjudicar (vt)	dëmtoj	[dəmtój]
daño (m)	dëm (m)	[dəm]
cadáver (m)	kufomë (f)	[kufómə]
grave (un delito ~)	i rëndë	[i réndə]
atacar (vt)	sulmoj	[sulmój]
pegar (golpear)	rrah	[rah]
apporear (vt)	sakatoj	[sakatój]
quitar (robar)	rrëmbej	[rəmbéj]
acuchillar (vt)	ther për vdekje	[θɛr pər vdékjɛ]
mutilar (vt)	gjymtoj	[ɟymtój]
herir (vt)	plagos	[plagós]
chantaje (m)	shantazh (m)	[ʃantáʒ]
hacer chantaje	bëj shantazh	[bəj ʃantáʒ]

chantajista (m)	shantazhist (m)	[ʃantaʒíst]
extorsión (f)	rrjet mashtrimi (m)	[rjét maʃtrími]
extorsionador (m)	mashtrues (m)	[maʃtrúɛs]
gángster (m)	gangster (m)	[gaŋstér]
mafia (f)	mafia (f)	[máfia]
carterista (m)	vjedhës xhepash (m)	[vjéðəs dʒépaʃ]
ladrón (m) de viviendas	hajdut (m)	[hajdút]
contrabandismo (m)	trafikim (m)	[trafikím]
contrabandista (m)	trafikues (m)	[trafikúɛs]
falsificación (f)	falsifikim (m)	[falsifikím]
falsificar (vt)	falsifikoj	[falsifikój]
falso (falsificado)	fals	[fáls]

119. Violar la ley. Los criminales. Unidad 2

violación (f)	përdhunim (m)	[pərðuním]
violar (vt)	përdhunoj	[pərðunój]
violador (m)	përdhunues (m)	[pərðunúɛs]
maníaco (m)	maniak (m)	[maniák]
prostituta (f)	prostitutë (f)	[prostitútə]
prostitución (f)	prostitucion (m)	[prostitutsión]
chulo (m), proxeneta (m)	tutor (m)	[tutór]
drogadicto (m)	narkoman (m)	[narkomán]
narcotraficante (m)	trafikant droge (m)	[trafikánt drógɛ]
hacer explotar	shpërthej	[ʃpərθéj]
explosión (f)	shpërthim (m)	[ʃpərθím]
incendiar (vt)	vë flakën	[və flákən]
incendiario (m)	zjarrvënës (m)	[zjarvénəs]
terrorismo (m)	terrorizëm (m)	[tɛrorízəm]
terrorista (m)	terrorist (m)	[tɛroríst]
rehén (m)	peng (m)	[pɛŋ]
estafar (vt)	mashtroj	[maʃtrój]
estafa (f)	mashtrim (m)	[maʃtrím]
estafador (m)	mashtrues (m)	[maʃtrúɛs]
sobornar (vt)	jap ryshfet	[jap ryʃfét]
soborno (m) (delito)	ryshfet (m)	[ryʃfét]
soborno (m) (dinero, etc.)	ryshfet (m)	[ryʃfét]
veneno (m)	helm (m)	[hɛlm]
envenenar (vt)	helmoj	[hɛlmój]
envenenarse (vr)	helmohem	[hɛlmóhɛm]
suicidio (m)	vetëvrasje (f)	[vɛtəvrásjɛ]
suicida (m, f)	vetëvrasës (m)	[vɛtəvrásəs]
amenazar (vt)	kërcënoj	[kərtsənój]
amenaza (f)	kërcënim (m)	[kərtsəním]

| atentar (vi) | tentoj | [tɛntój] |
| atentado (m) | atentat (m) | [atɛntát] |

| robar (un coche) | vjedh | [vjɛð] |
| secuestrar (un avión) | rrëmbej | [rəmbéj] |

| venganza (f) | hakmarrje (f) | [hakmárjɛ] |
| vengar (vt) | hakmerrem | [hakmérɛm] |

torturar (vt)	torturoj	[torturój]
tortura (f)	torturë (f)	[tortúrə]
atormentar (vt)	torturoj	[torturój]

pirata (m)	pirat (m)	[pirát]
gamberro (m)	huligan (m)	[huligán]
armado (adj)	i armatosur	[i armatósur]
violencia (f)	dhunë (f)	[ðúnə]
ilegal (adj)	ilegal	[ilɛgál]

| espionaje (m) | spiunazh (m) | [spiunáʒ] |
| espiar (vi, vt) | spiunoj | [spiunój] |

120. La policía. La ley. Unidad 1

| justicia (f) | drejtësi (f) | [drɛjtəsí] |
| tribunal (m) | gjykatë (f) | [ɟykátə] |

juez (m)	gjykatës (m)	[ɟykátəs]
jurados (m pl)	anëtar jurie (m)	[anətár juríɛ]
tribunal (m) de jurados	gjyq me juri (m)	[ɟyc mɛ jurí]
juzgar (vt)	gjykoj	[ɟykój]

abogado (m)	avokat (m)	[avokát]
acusado (m)	pandehur (m)	[pandéhur]
banquillo (m) de los acusados	bankë e të pandehurit (f)	[bánkə ɛ tə pandéhurit]

| inculpación (f) | akuzë (f) | [akúzə] |
| inculpado (m) | i akuzuar (m) | [i akuzúar] |

| sentencia (f) | vendim (m) | [vɛndím] |
| sentenciar (vt) | dënoj | [dənój] |

culpable (m)	fajtor (m)	[fajtór]
castigar (vt)	ndëshkoj	[ndəʃkój]
castigo (m)	ndëshkim (m)	[ndəʃkím]

multa (f)	gjobë (f)	[ɟóbə]
cadena (f) perpetua	burgim i përjetshëm (m)	[burgím i pərjétʃəm]
pena (f) de muerte	dënim me vdekje (m)	[dəním mɛ vdékjɛ]
silla (f) eléctrica	karrige elektrike (f)	[karígɛ ɛlɛktríkɛ]
horca (f)	varje (f)	[várjɛ]

| ejecutar (vt) | ekzekutoj | [ɛkzɛkutój] |
| ejecución (f) | ekzekutim (m) | [ɛkzɛkutím] |

| prisión (f) | burg (m) | [búrg] |
| celda (f) | qeli (f) | [cɛlí] |

escolta (f)	eskortë (f)	[ɛskórtə]
guardia (m) de prisiones	gardian burgu (m)	[gardián búrgu]
prisionero (m)	i burgosur (m)	[i burgósur]

| esposas (f pl) | pranga (f) | [práŋa] |
| esposar (vt) | vë prangat | [və práŋat] |

escape (m)	arratisje nga burgu (f)	[aratísjɛ ŋa búrgu]
escaparse (vr)	arratisem	[aratísɛm]
desaparecer (vi)	zhduk	[ʒduk]
liberar (vt)	dal nga burgu	[dál ŋa búrgu]
amnistía (f)	amnisti (f)	[amnistí]

policía (f) (~ nacional)	polici (f)	[politsí]
policía (m)	polic (m)	[políts]
comisaría (f) de policía	komisariat (m)	[komisariát]
porra (f)	shkop gome (m)	[ʃkop gómɛ]
megáfono (m)	altoparlant (m)	[altoparlánt]

coche (m) patrulla	makinë patrullimi (f)	[makínə patruɬími]
sirena (f)	alarm (m)	[alárm]
poner la sirena	ndez sirenën	[ndɛz sirénən]
canto (m) de la sirena	zhurmë alarmi (f)	[ʒúrmə alármi]

escena (f) del delito	skenë krimi (f)	[skénə krími]
testigo (m)	dëshmitar (m)	[dəʃmitár]
libertad (f)	liri (f)	[lirí]
cómplice (m)	bashkëpunëtor (m)	[baʃkəpunətór]
escapar de ...	zhdukem	[ʒdúkɛm]
rastro (m)	gjurmë (f)	[ɟúrmə]

121. La policía. La ley. Unidad 2

búsqueda (f)	kërkim (m)	[kərkím]
buscar (~ el criminal)	kërkoj ...	[kərkój ...]
sospecha (f)	dyshim (m)	[dyʃím]
sospechoso (adj)	i dyshuar	[i dyʃúar]
parar (~ en la calle)	ndaloj	[ndalój]
retener (vt)	mbaj të ndaluar	[mbáj tə ndalúar]

causa (f) (~ penal)	padi (f)	[padí]
investigación (f)	hetim (m)	[hɛtím]
detective (m)	detektiv (m)	[dɛtɛktív]
investigador (m)	hetues (m)	[hɛtúɛs]
versión (f)	hipotezë (f)	[hipotézə]

motivo (m)	motiv (m)	[motív]
interrogatorio (m)	marrje në pyetje (f)	[márjɛ nə pýɛtjɛ]
interrogar (vt)	marr në pyetje	[mar nə pýɛtjɛ]
interrogar (al testigo)	pyes	[pýɛs]
control (m) (de vehículos, etc.)	verifikim (m)	[vɛrifikím]

redada (f)	kontroll në grup (m)	[kontrót nə grúp]
registro (m) (~ de la casa)	bastisje (f)	[bastísjɛ]
persecución (f)	ndjekje (f)	[ndjékjɛ]
perseguir (vt)	ndjek	[ndjék]
rastrear (~ al criminal)	ndjek	[ndjék]
arresto (m)	arrestim (m)	[arɛstím]
arrestar (vt)	arrestoj	[arɛstój]
capturar (vt)	kap	[kap]
captura (f)	kapje (f)	[kápjɛ]
documento (m)	dokument (m)	[dokumént]
prueba (f)	provë (f)	[próvə]
probar (vt)	dëshmoj	[dəʃmój]
huella (f) (pisada)	gjurmë (f)	[ɟúrmə]
huellas (f pl) digitales	shenja gishtash (pl)	[ʃéɲa gíʃtaʃ]
elemento (m) de prueba	provë (f)	[próvə]
coartada (f)	alibi (f)	[alibí]
inocente (no culpable)	i pafajshëm	[i pafájʃəm]
injusticia (f)	padrejtësi (f)	[padrɛjtəsí]
injusto (adj)	i padrejtë	[i padréjtə]
criminal (adj)	kriminale	[kriminálɛ]
confiscar (vt)	konfiskoj	[konfiskój]
narcótico (f)	drogë (f)	[drógə]
arma (f)	armë (f)	[ármə]
desarmar (vt)	çarmatos	[tʃarmatós]
ordenar (vt)	urdhëroj	[urðərój]
desaparecer (vi)	zhduk	[ʒduk]
ley (f)	ligj (m)	[liɟ]
legal (adj)	ligjor	[liɟór]
ilegal (adj)	i paligjshëm	[i palíɟʃəm]
responsabilidad (f)	përgjegjësi (f)	[pərɟɛɟəsí]
responsable (adj)	përgjegjës	[pərɟéɟəs]

LA NATURALEZA

La tierra. Unidad 1

122. El espacio

Español	Albanés	Pronunciación
cosmos (m)	hapësirë (f)	[hapəsírə]
espacial, cósmico (adj)	hapësinor	[hapəsinór]
espacio (m) cósmico	kozmos (m)	[kozmós]
mundo (m)	botë (f)	[bótə]
universo (m)	univers	[univérs]
galaxia (f)	galaksi (f)	[galaksí]
estrella (f)	yll (m)	[yɫ]
constelación (f)	yllësi (f)	[yɫəsí]
planeta (m)	planet (m)	[planét]
satélite (m)	satelit (m)	[satɛlít]
meteorito (m)	meteor (m)	[mɛtɛór]
cometa (f)	kometë (f)	[kométə]
asteroide (m)	asteroid (m)	[astɛroíd]
órbita (f)	orbitë (f)	[orbítə]
girar (vi)	rrotullohet	[rotuɫóhɛt]
atmósfera (f)	atmosferë (f)	[atmosférə]
Sol (m)	Dielli (m)	[diéɫi]
Sistema (m) Solar	sistemi diellor (m)	[sistémi diɛɫór]
eclipse (m) de Sol	eklips diellor (m)	[ɛklíps diɛɫór]
Tierra (f)	Toka (f)	[tóka]
Luna (f)	Hëna (f)	[héna]
Marte (m)	Marsi (m)	[mársi]
Venus (f)	Venera (f)	[vɛnéra]
Júpiter (m)	Jupiteri (m)	[jupitéri]
Saturno (m)	Saturni (m)	[satúrni]
Mercurio (m)	Merkuri (m)	[mɛrkúri]
Urano (m)	Urani (m)	[uráni]
Neptuno (m)	Neptuni (m)	[nɛptúni]
Plutón (m)	Pluto (f)	[plúto]
la Vía Láctea	Rruga e Qumështit (f)	[rúga ɛ cúməʃtit]
la Osa Mayor	Arusha e Madhe (f)	[arúʃa ɛ máðɛ]
la Estrella Polar	ylli i Veriut (m)	[ýɫi i vériut]
marciano (m)	Marsian (m)	[marsián]
extraterrestre (m)	jashtëtokësor (m)	[jaʃtətokəsór]

| planetícola (m) | alien (m) | [alién] |
| platillo (m) volante | disk fluturues (m) | [dísk fluturúɛs] |

nave (f) espacial	anije kozmike (f)	[aníjɛ kozmíkɛ]
estación (f) orbital	stacion kozmik (m)	[statsión kozmík]
despegue (m)	ngritje (f)	[ŋrítjɛ]

motor (m)	motor (m)	[motór]
tobera (f)	dizë (f)	[dízə]
combustible (m)	karburant (m)	[karburánt]

carlinga (f)	kabinë pilotimi (f)	[kabínə pilotími]
antena (f)	antenë (f)	[anténə]
ventana (f)	dritare anësore (f)	[dritárɛ anəsórɛ]
batería (f) solar	panel solar (m)	[panél solár]
escafandra (f)	veshje astronauti (f)	[véʃjɛ astronáuti]

| ingravidez (f) | mungesë graviteti (f) | [muŋésə gravitéti] |
| oxígeno (m) | oksigjen (m) | [oksiɟén] |

| atraque (m) | ndërlidhje në hapësirë (f) | [ndərlíðjɛ nə hapəsírə] |
| realizar el atraque | stacionohem | [statsionóhɛm] |

observatorio (m)	observator (m)	[obsɛrvatór]
telescopio (m)	teleskop (m)	[tɛlɛskóp]
observar (vt)	vëzhgoj	[vəʒgój]
explorar (~ el universo)	eksploroj	[ɛksplorój]

123. La tierra

Tierra (f)	Toka (f)	[tóka]
globo (m) terrestre	globi (f)	[glóbi]
planeta (m)	planet (m)	[planét]

atmósfera (f)	atmosferë (f)	[atmosférə]
geografía (f)	gjeografi (f)	[ɟeografí]
naturaleza (f)	natyrë (f)	[natýrə]

globo (m) terráqueo	glob (m)	[glob]
mapa (m)	hartë (f)	[hártə]
atlas (m)	atlas (m)	[atlás]

| Europa (f) | Evropa (f) | [ɛvrópa] |
| Asia (f) | Azia (f) | [azía] |

| África (f) | Afrika (f) | [afríka] |
| Australia (f) | Australia (f) | [australía] |

América (f)	Amerika (f)	[amɛríka]
América (f) del Norte	Amerika Veriore (f)	[amɛríka vɛriórɛ]
América (f) del Sur	Amerika Jugore (f)	[amɛríka jugórɛ]

| Antártida (f) | Antarktika (f) | [antarktíka] |
| Ártico (m) | Arktiku (m) | [arktíku] |

124. Los puntos cardinales

norte (m)	veri (m)	[vɛrí]
al norte	drejt veriut	[dréjt vériut]
en el norte	në veri	[nə vɛrí]
del norte (adj)	verior	[vɛriór]
sur (m)	jug (m)	[jug]
al sur	drejt jugut	[dréjt júgut]
en el sur	në jug	[nə jug]
del sur (adj)	jugor	[jugór]
oeste (m)	perëndim (m)	[pɛrəndím]
al oeste	drejt perëndimit	[dréjt pɛrəndímit]
en el oeste	në perëndim	[nə pɛrəndím]
del oeste (adj)	perëndimor	[pɛrəndimór]
este (m)	lindje (f)	[líndjɛ]
al este	drejt lindjes	[dréjt líndjɛs]
en el este	në lindje	[nə líndjɛ]
del este (adj)	lindor	[lindór]

125. El mar. El océano

mar (m)	det (m)	[dét]
océano (m)	oqean (m)	[ocɛán]
golfo (m)	gji (m)	[ɟi]
estrecho (m)	ngushticë (f)	[ŋuʃtítsə]
tierra (f) firme	tokë (f)	[tókə]
continente (m)	kontinent (m)	[kontinént]
isla (f)	ishull (m)	[íʃuɫ]
península (f)	gadishull (m)	[gadíʃuɫ]
archipiélago (m)	arkipelag (m)	[arkipɛlág]
bahía (f)	gji (m)	[ɟi]
puerto (m)	port (m)	[port]
laguna (f)	lagunë (f)	[lagúnə]
cabo (m)	kep (m)	[kɛp]
atolón (m)	atol (m)	[atól]
arrecife (m)	shkëmb nënujor (m)	[ʃkəmb nənujór]
coral (m)	koral (m)	[korál]
arrecife (m) de coral	korale nënujorë (f)	[korálɛ nənujórə]
profundo (adj)	i thellë	[i θéɫə]
profundidad (f)	thellësi (f)	[θɛɫəsí]
abismo (m)	humnerë (f)	[humnérə]
fosa (f) oceánica	hendek (m)	[hɛndék]
corriente (f)	rrymë (f)	[rýmə]
bañar (rodear)	rrethohet	[rɛθóhɛt]

| orilla (f) | breg (m) | [brɛg] |
| costa (f) | bregdet (m) | [brɛgdét] |

flujo (m)	batica (f)	[batítsa]
reflujo (m)	zbaticë (f)	[zbatítsə]
banco (m) de arena	cekëtinë (f)	[tsɛkətínə]
fondo (m)	fund i detit (m)	[fúnd i détit]

ola (f)	dallgë (f)	[dáɫgə]
cresta (f) de la ola	kreshtë (f)	[kréʃtə]
espuma (f)	shkumë (f)	[ʃkúmə]

tempestad (f)	stuhi (f)	[stuhí]
huracán (m)	uragan (m)	[uragán]
tsunami (m)	cunam (m)	[tsunám]
bonanza (f)	qetësi (f)	[cɛtəsí]
calmo, tranquilo	i qetë	[i cétə]

| polo (m) | pol (m) | [pol] |
| polar (adj) | polar | [polár] |

latitud (f)	gjerësi (f)	[ɟɛrəsí]
longitud (f)	gjatësi (f)	[ɟatəsí]
paralelo (m)	paralele (f)	[paralélɛ]
ecuador (m)	ekuator (m)	[ɛkuatór]

cielo (m)	qiell (m)	[cíɛɫ]
horizonte (m)	horizont (m)	[horizónt]
aire (m)	ajër (m)	[ájər]

faro (m)	fanar (m)	[fanár]
bucear (vi)	zhytem	[ʒýtɛm]
hundirse (vr)	fundosje	[fundósjɛ]
tesoros (m pl)	thesare (pl)	[θɛsárɛ]

126. Los nombres de los mares y los océanos

océano (m) Atlántico	Oqeani Atlantik (m)	[ocɛáni atlantík]
océano (m) Índico	Oqeani Indian (m)	[ocɛáni indián]
océano (m) Pacífico	Oqeani Paqësor (m)	[ocɛáni pacəsór]
océano (m) Glacial Ártico	Oqeani Arktik (m)	[ocɛáni arktík]

mar (m) Negro	Deti i Zi (m)	[déti i zí]
mar (m) Rojo	Deti i Kuq (m)	[déti i kúc]
mar (m) Amarillo	Deti i Verdhë (m)	[déti i vérðə]
mar (m) Blanco	Deti i Bardhë (m)	[déti i bárðə]

mar (m) Caspio	Deti Kaspik (m)	[déti kaspík]
mar (m) Muerto	Deti i Vdekur (m)	[déti i vdékur]
mar (m) Mediterráneo	Deti Mesdhe (m)	[déti mɛsðé]

mar (m) Egeo	Deti Egje (m)	[déti ɛɟé]
mar (m) Adriático	Deti Adriatik (m)	[déti adriatík]
mar (m) Arábigo	Deti Arab (m)	[déti aráb]

mar (m) del Japón	Deti i Japonisë (m)	[déti i japonísə]
mar (m) de Bering	Deti Bering (m)	[déti bériŋ]
mar (m) de la China Meridional	Deti i Kinës Jugore (m)	[déti i kínəs jugórɛ]
mar (m) del Coral	Deti Koral (m)	[déti korál]
mar (m) de Tasmania	Deti Tasman (m)	[déti tasmán]
mar (m) Caribe	Deti i Karaibeve (m)	[déti i karaíbɛvɛ]
mar (m) de Barents	Deti Barents (m)	[déti barénts]
mar (m) de Kara	Deti Kara (m)	[déti kára]
mar (m) del Norte	Deti i Veriut (m)	[déti i vériut]
mar (m) Báltico	Deti Baltik (m)	[déti baltík]
mar (m) de Noruega	Deti Norvegjez (m)	[déti norvɛɟéz]

127. Las montañas

montaña (f)	mal (m)	[mal]
cadena (f) de montañas	vargmal (m)	[vargmál]
cresta (f) de montañas	kresht malor (m)	[kréʃt malór]
cima (f)	majë (f)	[májə]
pico (m)	maja më e lartë (f)	[mája mə ɛ lártə]
pie (m)	rrëza e malit (f)	[rəza ɛ málit]
cuesta (f)	shpat (m)	[ʃpat]
volcán (m)	vullkan (m)	[vuɫkán]
volcán (m) activo	vullkan aktiv (m)	[vuɫkán aktív]
volcán (m) apagado	vullkan i fjetur (m)	[vuɫkán i fjétur]
erupción (f)	shpërthim (m)	[ʃpərθím]
cráter (m)	krater (m)	[kratér]
magma (f)	magmë (f)	[mágmə]
lava (f)	llavë (f)	[ɫávə]
fundido (lava ~a)	i shkrirë	[i ʃkrírə]
cañón (m)	kanion (m)	[kanión]
desfiladero (m)	grykë (f)	[grýkə]
grieta (f)	çarje (f)	[tʃárjɛ]
precipicio (m)	humnerë (f)	[humnérə]
puerto (m) (paso)	kalim (m)	[kalím]
meseta (f)	pllajë (f)	[pɫájə]
roca (f)	shkëmb (m)	[ʃkəmb]
colina (f)	kodër (f)	[kódər]
glaciar (m)	akullnajë (f)	[akuɫnájə]
cascada (f)	ujëvarë (f)	[ujəvárə]
geiser (m)	gejzer (m)	[gɛjzér]
lago (m)	liqen (m)	[licén]
llanura (f)	fushë (f)	[fúʃə]
paisaje (m)	peizazh (m)	[pɛizáʒ]

eco (m)	jehonë (f)	[jɛhónə]
alpinista (m)	alpinist (m)	[alpiníst]
escalador (m)	alpinist shkëmbßinjsh (m)	[alpiníst ʃkəmbiɲʃ]
conquistar (vt)	pushtoj majën	[puʃtój májən]
ascensión (f)	ngjitje (f)	[ŋjítjɛ]

128. Los nombres de las montañas

Alpes (m pl)	Alpet (pl)	[alpét]
Montblanc (m)	Montblanc (m)	[montblánk]
Pirineos (m pl)	Pirenejet (pl)	[pirɛnéjɛt]

Cárpatos (m pl)	Karpatet (m)	[karpátɛt]
Urales (m pl)	Malet Urale (pl)	[málɛt urálɛ]
Cáucaso (m)	Malet Kaukaze (pl)	[málɛt kaukázɛ]
Elbrus (m)	Mali Elbrus (m)	[máli ɛlbrús]

Altai (m)	Malet Altai (pl)	[málɛt altái]
Tian-Shan (m)	Tian Shani (m)	[tían ʃáni]
Pamir (m)	Malet e Pamirit (m)	[málɛt ɛ pamírit]
Himalayos (m pl)	Himalajet (pl)	[himalájɛt]
Everest (m)	Mali Everest (m)	[máli ɛvɛrést]

| Andes (m pl) | andet (pl) | [ándɛt] |
| Kilimanjaro (m) | Mali Kilimanxharo (m) | [máli kilimandʒáro] |

129. Los ríos

río (m)	lum (m)	[lum]
manantial (m)	burim (m)	[burím]
lecho (m) (curso de agua)	shtrat lumi (m)	[ʃtrat lúmi]
cuenca (f) fluvial	basen (m)	[basén]
desembocar en ...	rrjedh ...	[rjéð ...]

| afluente (m) | derdhje (f) | [dérðjɛ] |
| ribera (f) | breg (m) | [brɛg] |

corriente (f)	rrymë (f)	[rýmə]
río abajo (adv)	rrjedhje e poshtme	[rjéðjɛ ɛ póʃtmɛ]
río arriba (adv)	rrjedhje e sipërme	[rjéðjɛ ɛ sípərmɛ]

inundación (f)	vërshim (m)	[vərʃím]
riada (f)	përmbytje (f)	[pərmbýtjɛ]
desbordarse (vr)	vërshon	[vərʃón]
inundar (vt)	përmbytet	[pərmbýtɛt]

| bajo (m) arenoso | cekëtinë (f) | [tsɛkətínə] |
| rápido (m) | rrjedhë (f) | [rjéðə] |

presa (f)	digë (f)	[dígə]
canal (m)	kanal (m)	[kanál]
lago (m) artificiale	rezervuar (m)	[rɛzɛrvuár]

esclusa (f)	pendë ujore (f)	[péndə ujórɛ]
cuerpo (m) de agua	plan hidrik (m)	[plan hidrík]
pantano (m)	kënetë (f)	[kənétə]
ciénaga (m)	moçal (m)	[motʃál]
remolino (m)	vorbull (f)	[vórbuɫ]
arroyo (m)	përrua (f)	[pərúa]
potable (adj)	i pijshëm	[i píʃʃəm]
dulce (agua ~)	i freskët	[i fréskət]
hielo (m)	akull (m)	[ákuɫ]
helarse (el lago, etc.)	ngrihet	[ŋríhɛt]

130. Los nombres de los ríos

Sena (m)	Sena (f)	[séna]
Loira (m)	Loire (f)	[luar]
Támesis (m)	Temza (f)	[témza]
Rin (m)	Rajnë (m)	[rájnə]
Danubio (m)	Danubi (m)	[danúbi]
Volga (m)	Volga (f)	[vólga]
Don (m)	Doni (m)	[dóni]
Lena (m)	Lena (f)	[léna]
Río (m) Amarillo	Lumi i Verdhë (m)	[lúmi i vérðə]
Río (m) Azul	Jangce (f)	[jaɲtsé]
Mekong (m)	Mekong (m)	[mɛkóŋ]
Ganges (m)	Gang (m)	[gaŋ]
Nilo (m)	Lumi Nil (m)	[lúmi nil]
Congo (m)	Lumi Kongo (m)	[lúmi kóŋo]
Okavango (m)	Lumi Okavango (m)	[lúmi okaváŋo]
Zambeze (m)	Lumi Zambezi (m)	[lúmi zambézi]
Limpopo (m)	Lumi Limpopo (m)	[lúmi limpópo]
Misisipí (m)	Lumi Misisipi (m)	[lúmi misisípi]

131. El bosque

bosque (m)	pyll (m)	[pyɫ]
de bosque (adj)	pyjor	[pyjór]
espesura (f)	pyll i ngjeshur (m)	[pyɫ i ɲɟéʃur]
bosquecillo (m)	zabel (m)	[zabél]
claro (m)	lëndinë (f)	[ləndínə]
maleza (f)	pyllëz (m)	[pýɫəz]
matorral (m)	shkurre (f)	[ʃkúrɛ]
senda (f)	shteg (m)	[ʃtɛg]
barranco (m)	hon (m)	[hon]

árbol (m)	pemë (f)	[pémə]
hoja (f)	gjeth (m)	[ɟɛθ]
follaje (m)	gjethe (pl)	[ɟéθɛ]

caída (f) de hojas	rënie e gjetheve (f)	[rəníɛ ɛ ɟéθɛvɛ]
caer (las hojas)	bien	[bíɛn]
cima (f)	maje (f)	[májɛ]

rama (f)	degë (f)	[dégə]
rama (f) (gruesa)	degë (f)	[dégə]
brote (m)	syth (m)	[syθ]
aguja (f)	shtiza pishe (f)	[ʃtíza píʃɛ]
piña (f)	lule pishe (f)	[lúlɛ píʃɛ]

agujero (m)	zgavër (f)	[zgávər]
nido (m)	fole (f)	[folé]
madriguera (f)	strofull (f)	[stróful]

tronco (m)	trung (m)	[truŋ]
raíz (f)	rrënjë (f)	[réɲə]
corteza (f)	lëvore (f)	[ləvórɛ]
musgo (m)	myshk (m)	[myʃk]

extirpar (vt)	shkul	[ʃkul]
talar (vt)	pres	[prɛs]
deforestar (vt)	shpyllëzoj	[ʃpyɫəzój]
tocón (m)	cung (m)	[tsúŋ]

hoguera (f)	zjarr kampingu (m)	[zjar kampíŋu]
incendio (m)	zjarr në pyll (m)	[zjar nə pyɫ]
apagar (~ el incendio)	shuaj	[ʃúaj]

guarda (m) forestal	roje pyjore (f)	[rójɛ pyjórɛ]
protección (f)	mbrojtje (f)	[mbrójtjɛ]
proteger (vt)	mbroj	[mbrój]
cazador (m) furtivo	gjahtar i jashtëligjshëm (m)	[ɟahtár i jaʃtəlíɟʃəm]
cepo (m)	grackë (f)	[grátskə]

recoger (setas, bayas)	mbledh	[mbléð]
perderse (vr)	humb rrugën	[húmb rúgən]

132. Los recursos naturales

recursos (m pl) naturales	burime natyrore (pl)	[burímɛ natyrórɛ]
minerales (m pl)	minerale (pl)	[minɛrálɛ]
depósitos (m pl)	depozita (pl)	[dɛpozíta]
yacimiento (m)	fushë (f)	[fúʃə]

extraer (vt)	nxjerr	[ndzjér]
extracción (f)	nxjerrje mineralesh (f)	[ndzjérjɛ minɛrálɛʃ]
mineral (m)	xehe (m)	[dzéhɛ]
mina (f)	minierë (f)	[miniérə]
pozo (m) de mina	nivel (m)	[nivél]
minero (m)	minator (m)	[minatór]

| gas (m) | gaz (m) | [gaz] |
| gasoducto (m) | gazsjellës (m) | [gazsjéɫəs] |

petróleo (m)	naftë (f)	[náftə]
oleoducto (m)	naftësjellës (f)	[naftəsjéɫəs]
torre (f) petrolera	pus nafte (m)	[pus náftɛ]
torre (f) de sondeo	burim nafte (m)	[burím náftɛ]
petrolero (m)	anije-cisternë (f)	[aníjɛ-tsistérnə]

arena (f)	rërë (f)	[rérə]
caliza (f)	gur gëlqeror (m)	[gur gəlcɛrór]
grava (f)	zhavorr (m)	[ʒavór]
turba (f)	torfë (f)	[tórfə]
arcilla (f)	argjilë (f)	[arɟílə]
carbón (m)	qymyr (m)	[cymýr]

hierro (m)	hekur (m)	[hékur]
oro (m)	ar (m)	[ár]
plata (f)	argjend (m)	[arɟénd]
níquel (m)	nikel (m)	[nikél]
cobre (m)	bakër (m)	[bákər]

zinc (m)	zink (m)	[zink]
manganeso (m)	mangan (m)	[maŋán]
mercurio (m)	merkur (m)	[mɛrkúr]
plomo (m)	plumb (m)	[plúmb]

mineral (m)	mineral (m)	[minɛrál]
cristal (m)	kristal (m)	[kristál]
mármol (m)	mermer (m)	[mɛrmér]
uranio (m)	uranium (m)	[uraniúm]

La tierra. Unidad 2

133. El tiempo

tiempo (m)	moti (m)	[móti]
previsión (m) del tiempo	parashikimi i motit (m)	[paraʃikími i mótit]
temperatura (f)	temperaturë (f)	[tɛmpɛratúrə]
termómetro (m)	termometër (m)	[tɛrmométər]
barómetro (m)	barometër (m)	[barométər]
húmedo (adj)	i lagësht	[i lágəʃt]
humedad (f)	lagështi (f)	[lagəʃtí]
bochorno (m)	vapë (f)	[vápə]
tórrido (adj)	shumë nxehtë	[ʃúmə ndzéhtə]
hace mucho calor	është nxehtë	[éʃtə ndzéhtə]
hace calor (templado)	është ngrohtë	[éʃtə ŋróhtə]
templado (adj)	ngrohtë	[ŋróhtə]
hace frío	bën ftohtë	[bən ftóhtə]
frío (adj)	i ftohtë	[i ftóhtə]
sol (m)	diell (m)	[díɛɫ]
brillar (vi)	ndriçon	[ndritʃón]
soleado (un día ~)	me diell	[mɛ díɛɫ]
elevarse (el sol)	agon	[agón]
ponerse (vr)	perëndon	[pɛrəndón]
nube (f)	re (f)	[rɛ]
nuboso (adj)	vranët	[vránət]
nubarrón (m)	re shiu (f)	[rɛ ʃíu]
nublado (adj)	vranët	[vránət]
lluvia (f)	shi (m)	[ʃi]
está lloviendo	bie shi	[bíɛ ʃi]
lluvioso (adj)	me shi	[mɛ ʃi]
lloviznar (vi)	shi i imët	[ʃi i ímət]
aguacero (m)	shi litar (m)	[ʃi litár]
chaparrón (m)	stuhi shiu (f)	[stuhí ʃíu]
fuerte (la lluvia ~)	i fortë	[i fórtə]
charco (m)	brakë (f)	[brákə]
mojarse (vr)	lagem	[lágɛm]
niebla (f)	mjegull (f)	[mjéguɫ]
nebuloso (adj)	e mjegullt	[ɛ mjéguɫt]
nieve (f)	borë (f)	[bórə]
está nevando	bie borë	[bíɛ bórə]

134. Los eventos climáticos severos. Los desastres naturales

tormenta (f)	stuhi (f)	[stuhí]
relámpago (m)	vetëtimë (f)	[vɛtətímə]
relampaguear (vi)	vetëton	[vɛtətón]
trueno (m)	bubullimë (f)	[bubuɫímə]
tronar (vi)	bubullon	[bubuɫón]
está tronando	bubullon	[bubuɫón]
granizo (m)	breshër (m)	[bréʃər]
está granizando	po bie breshër	[po biɛ bréʃər]
inundar (vt)	përmbytet	[pərmbýtɛt]
inundación (f)	përmbytje (f)	[pərmbýtjɛ]
terremoto (m)	tërmet (m)	[tərmét]
sacudida (f)	lëkundje (f)	[ləkúndjɛ]
epicentro (m)	epiqendër (f)	[ɛpicéndər]
erupción (f)	shpërthim (m)	[ʃpərθím]
lava (f)	llavë (f)	[ɫávə]
torbellino (m)	vorbull (f)	[vórbuɫ]
tornado (m)	tornado (f)	[tornádo]
tifón (m)	tajfun (m)	[tajfún]
huracán (m)	uragan (m)	[uragán]
tempestad (f)	stuhi (f)	[stuhí]
tsunami (m)	cunam (m)	[tsunám]
ciclón (m)	ciklon (m)	[tsiklón]
mal tiempo (m)	mot i keq (m)	[mot i kɛc]
incendio (m)	zjarr (f)	[zjar]
catástrofe (f)	fatkeqësi (f)	[fatkɛcəsí]
meteorito (m)	meteor (m)	[mɛtɛór]
avalancha (f)	ortek (m)	[orték]
alud (m) de nieve	rrëshqitje bore (f)	[rəʃcítjɛ bórɛ]
ventisca (f)	stuhi bore (f)	[stuhí bórɛ]
nevasca (f)	stuhi bore (f)	[stuhí bórɛ]

La fauna

135. Los mamíferos. Los predadores

carnívoro (m)	grabitqar (m)	[grabitcár]
tigre (m)	tigër (m)	[tígər]
león (m)	luan (m)	[luán]
lobo (m)	ujk (m)	[ujk]
zorro (m)	dhelpër (f)	[ðélpər]
jaguar (m)	jaguar (m)	[jaguár]
leopardo (m)	leopard (m)	[lɛopárd]
guepardo (m)	gepard (m)	[gɛpárd]
pantera (f)	panterë e zezë (f)	[pantérə ɛ zézə]
puma (f)	puma (f)	[púma]
leopardo (m) de las nieves	leopard i borës (m)	[lɛopárd i bórəs]
lince (m)	rrëqebull (m)	[rəcébuɫ]
coyote (m)	kojotë (f)	[kojótə]
chacal (m)	çakall (m)	[tʃakáɫ]
hiena (f)	hienë (f)	[hiénə]

136. Los animales salvajes

animal (m)	kafshë (f)	[káfʃə]
bestia (f)	bishë (f)	[bíʃə]
ardilla (f)	ketër (m)	[kétər]
erizo (m)	iriq (m)	[iríc]
liebre (f)	lepur i egër (m)	[lépur i égər]
conejo (m)	lepur (m)	[lépur]
tejón (m)	vjedull (f)	[vjéduɫ]
mapache (m)	rakun (m)	[rakún]
hámster (m)	hamster (m)	[hamstér]
marmota (f)	marmot (m)	[marmót]
topo (m)	urith (m)	[uríθ]
ratón (m)	mi (m)	[mi]
rata (f)	mi (m)	[mi]
murciélago (m)	lakuriq (m)	[lakuríc]
armiño (m)	herminë (f)	[hɛrmínə]
cebellina (f)	kunadhe (f)	[kunáðɛ]
marta (f)	shqarth (m)	[ʃcarθ]
comadreja (f)	nuselalë (f)	[nusɛlálə]
visón (m)	vizon (m)	[vizón]

castor (m)	kastor (m)	[kastór]
nutria (f)	vidër (f)	[vídər]
caballo (m)	kali (m)	[káli]
alce (m)	dre brilopatë (m)	[drɛ brilopátə]
ciervo (m)	dre (f)	[drɛ]
camello (m)	deve (f)	[dévɛ]
bisonte (m)	bizon (m)	[bizón]
uro (m)	bizon evropian (m)	[bizón ɛvropián]
búfalo (m)	buall (m)	[búaɫ]
cebra (f)	zebër (f)	[zébər]
antílope (m)	antilopë (f)	[antilópə]
corzo (m)	dre (f)	[drɛ]
gamo (m)	dre ugar (m)	[drɛ ugár]
gamuza (f)	kamosh (m)	[kamóʃ]
jabalí (m)	derr i egër (m)	[dér i égər]
ballena (f)	balenë (f)	[balénə]
foca (f)	fokë (f)	[fókə]
morsa (f)	lopë deti (f)	[lópə déti]
oso (m) marino	fokë (f)	[fókə]
delfín (m)	delfin (m)	[dɛlfín]
oso (m)	ari (m)	[arí]
oso (m) blanco	ari polar (m)	[arí polár]
panda (f)	panda (f)	[pánda]
mono (m)	majmun (m)	[majmún]
chimpancé (m)	shimpanze (f)	[ʃimpánzɛ]
orangután (m)	orangutan (m)	[oraŋután]
gorila (m)	gorillë (f)	[goríɫə]
macaco (m)	majmun makao (m)	[majmún makáo]
gibón (m)	gibon (m)	[gibón]
elefante (m)	elefant (m)	[ɛlɛfánt]
rinoceronte (m)	rinoqeront (m)	[rinocɛrónt]
jirafa (f)	gjirafë (f)	[ɟiráfə]
hipopótamo (m)	hipopotam (m)	[hipopotám]
canguro (m)	kangur (m)	[kaŋúr]
koala (f)	koala (f)	[koála]
mangosta (f)	mangustë (f)	[maŋústə]
chinchilla (f)	çinçila (f)	[tʃintʃíla]
mofeta (f)	qelbës (f)	[célbəs]
espín (m)	ferrëgjatë (m)	[fɛrəɟátə]

137. Los animales domésticos

gata (f)	mace (f)	[mátsɛ]
gato (m)	maçok (m)	[matʃók]
perro (m)	qen (m)	[cɛn]

caballo (m)	kali (m)	[káli]
garañón (m)	hamshor (m)	[hamʃór]
yegua (f)	pelë (f)	[pélə]
vaca (f)	lopë (f)	[lópə]
toro (m)	dem (m)	[dém]
buey (m)	ka (m)	[ka]
oveja (f)	dele (f)	[délɛ]
carnero (m)	dash (m)	[daʃ]
cabra (f)	dhi (f)	[ði]
cabrón (m)	cjap (m)	[tsjáp]
asno (m)	gomar (m)	[gomár]
mulo (m)	mushkë (f)	[múʃkə]
cerdo (m)	derr (m)	[dɛr]
cerdito (m)	derrkuc (m)	[dɛrkúts]
conejo (m)	lepur (m)	[lépur]
gallina (f)	pulë (f)	[púlə]
gallo (m)	gjel (m)	[ɟél]
pato (m)	rosë (f)	[rósə]
ánade (m)	rosak (m)	[rosák]
ganso (m)	patë (f)	[pátə]
pavo (m)	gjel deti i egër (m)	[ɟél déti i égər]
pava (f)	gjel deti (m)	[ɟél déti]
animales (m pl) domésticos	kafshë shtëpiake (f)	[káfʃə ʃtəpiákɛ]
domesticado (adj)	i zbutur	[i zbútur]
domesticar (vt)	zbus	[zbus]
criar (vt)	rrit	[rit]
granja (f)	fermë (f)	[férmə]
aves (f pl) de corral	pulari (f)	[pularí]
ganado (m)	bagëti (f)	[bagətí]
rebaño (m)	kope (f)	[kopé]
caballeriza (f)	stallë (f)	[státə]
porqueriza (f)	stallë e derrave (f)	[státə ɛ déravɛ]
vaquería (f)	stallë e lopëve (f)	[státə ɛ lópəvɛ]
conejal (m)	kolibe lepujsh (f)	[kolíbɛ lépujʃ]
gallinero (m)	kotec (m)	[kotéts]

138. Los pájaros

pájaro (m)	zog (m)	[zog]
paloma (f)	pëllumb (m)	[pəɫúmb]
gorrión (m)	harabel (m)	[harabél]
paro (m)	xhixhimës (m)	[dʒidʒimə́s]
cotorra (f)	laraskë (f)	[laráskə]
cuervo (m)	korb (m)	[korb]

corneja (f)	sorrë (f)	[sórə]
chova (f)	galë (f)	[gálə]
grajo (m)	sorrë (f)	[sórə]
pato (m)	rosë (f)	[rósə]
ganso (m)	patë (f)	[pátə]
faisán (m)	fazan (m)	[fazán]
águila (f)	shqiponjë (f)	[ʃcipóɲə]
azor (m)	gjeraqinë (f)	[ɟɛracínə]
halcón (m)	fajkua (f)	[fajkúa]
buitre (m)	hutë (f)	[hútə]
cóndor (m)	kondor (m)	[kondór]
cisne (m)	mjellmë (f)	[mjɛɫmə]
grulla (f)	lejlek (m)	[lɛjlék]
cigüeña (f)	lejlek (m)	[lɛjlék]
loro (m), papagayo (m)	papagall (m)	[papagáɫ]
colibrí (m)	kolibri (m)	[kolíbri]
pavo (m) real	pallua (m)	[paɫúa]
avestruz (m)	struc (m)	[struts]
garza (f)	çafkë (f)	[tʃáfkə]
flamenco (m)	flamingo (m)	[flamíŋo]
pelícano (m)	pelikan (m)	[pɛlikán]
ruiseñor (m)	bilbil (m)	[bilbíl]
golondrina (f)	dallëndyshe (f)	[daɫəndýʃɛ]
tordo (m)	mëllenjë (f)	[məɫéɲə]
zorzal (m)	grifsha (f)	[gríffʃa]
mirlo (m)	mëllenjë (f)	[məɫéɲə]
vencejo (m)	dallëndyshe (f)	[daɫəndýʃɛ]
alondra (f)	thëllëzë (f)	[θəɫézə]
codorniz (f)	trumcak (m)	[trumtsák]
pico (m)	qukapik (m)	[cukapík]
cuco (m)	kukuvajkë (f)	[kukuvájkə]
lechuza (f)	buf (m)	[buf]
búho (m)	buf mbretëror (m)	[buf mbrɛtərór]
urogallo (m)	fazan i pyllit (m)	[fazán i pýɫit]
gallo lira (m)	fazan i zi (m)	[fazán i zí]
perdiz (f)	thëllëzë (f)	[θəɫézə]
estornino (m)	gargull (m)	[gárguɫ]
canario (m)	kanarinë (f)	[kanarínə]
ortega (f)	fazan mali (m)	[fazán máli]
pinzón (m)	trishtil (m)	[triʃtíl]
camachuelo (m)	trishtil dimri (m)	[triʃtíl dímri]
gaviota (f)	pulëbardhë (f)	[puləbárðə]
albatros (m)	albatros (m)	[albatrós]
pingüino (m)	penguin (m)	[pɛŋuín]

139. Los peces. Los animales marinos

brema (f)   krapuliq (m)   [krapulíc]
carpa (f)   krap (m)   [krap]
perca (f)   perç (m)   [pɛrtʃ]
siluro (m)   mustak (m)   [musták]
lucio (m)   mlysh (m)   [mlýʃ]

salmón (m)   salmon (m)   [salmón]
esturión (m)   bli (m)   [blí]

arenque (m)   harengë (f)   [haréŋə]
salmón (m) del Atlántico   salmon Atlantiku (m)   [salmón atlantíku]
caballa (f)   skumbri (m)   [skúmbri]
lenguado (m)   shojzë (f)   [ʃójzə]

lucioperca (m)   troftë (f)   [tróftə]
bacalao (m)   merluc (m)   [mɛrlúts]
atún (m)   tunë (f)   [túnə]
trucha (f)   troftë (f)   [tróftə]

anguila (f)   ngjalë (f)   [ɲálə]
tembladera (f)   peshk elektrik (m)   [pɛʃk ɛlɛktrík]
morena (f)   ngjalë morel (f)   [ɲálə morél]
piraña (f)   piranja (f)   [piráɲa]

tiburón (m)   peshkaqen (m)   [pɛʃkacén]
delfín (m)   delfin (m)   [dɛlfín]
ballena (f)   balenë (f)   [balénə]

centolla (f)   gaforre (f)   [gafórɛ]
medusa (f)   kandil deti (m)   [kandíl déti]
pulpo (m)   oktapod (m)   [oktapód]

estrella (f) de mar   yll deti (m)   [yɫ déti]
erizo (m) de mar   iriq deti (m)   [iríc déti]
caballito (m) de mar   kalë deti (m)   [kálə déti]

ostra (f)   midhje (f)   [míðjɛ]
camarón (m)   karkalec (m)   [karkaléts]
bogavante (m)   karavidhe (f)   [karavíðɛ]
langosta (f)   karavidhe (f)   [karavíðɛ]

140. Los anfibios. Los reptiles

serpiente (f)   gjarpër (m)   [ɟárpər]
venenoso (adj)   helmues   [hɛlmúɛs]

víbora (f)   nepërka (f)   [nɛpérka]
cobra (f)   kobra (f)   [kóbra]
pitón (m)   piton (m)   [pitón]
boa (f)   boa (f)   [bóa]
culebra (f)   kular (m)   [kulár]

| serpiente (m) de cascabel | gjarpër me zile (m) | [ɟárpər mɛ zílɛ] |
| anaconda (f) | anakonda (f) | [anakónda] |

lagarto (f)	hardhucë (f)	[harðútsə]
iguana (f)	iguana (f)	[iguána]
varano (m)	varan (m)	[varán]
salamandra (f)	salamandër (f)	[salamándər]
camaleón (m)	kameleon (m)	[kamɛlɛón]
escorpión (m)	akrep (m)	[akrép]

tortuga (f)	breshkë (f)	[bréʃkə]
rana (f)	bretkosë (f)	[brɛtkósə]
sapo (m)	zhabë (f)	[ʒábə]
cocodrilo (m)	krokodil (m)	[krokodíl]

141. Los insectos

insecto (m)	insekt (m)	[insékt]
mariposa (f)	flutur (f)	[flútur]
hormiga (f)	milingonë (f)	[miliŋónə]
mosca (f)	mizë (f)	[mízə]
mosquito (m) (picadura de ~)	mushkonjë (f)	[muʃkóɲə]
escarabajo (m)	brumbull (m)	[brúmbuɫ]

avispa (f)	grerëz (f)	[grérəz]
abeja (f)	bletë (f)	[blétə]
abejorro (m)	greth (m)	[grɛθ]
moscardón (m)	zekth (m)	[zɛkθ]

| araña (f) | merimangë (f) | [mɛrimáŋə] |
| telaraña (f) | rrjetë merimange (f) | [rjétə mɛrimáŋɛ] |

libélula (f)	pilivesë (f)	[pilivésə]
saltamontes (m)	karkalec (m)	[karkaléts]
mariposa (f) nocturna	molë (f)	[mólə]

cucaracha (f)	kacabu (f)	[katsabú]
garrapata (f)	rriqër (m)	[rícər]
pulga (f)	plesht (m)	[plɛʃt]
mosca (f) negra	mushicë (f)	[muʃítsə]

langosta (f)	gjinkallë (f)	[ɟinkáɫə]
caracol (m)	kërmill (m)	[kərmíɫ]
grillo (m)	bulkth (m)	[búlkθ]
luciérnaga (f)	xixëllonjë (f)	[dzidzəɫóɲə]
mariquita (f)	mollëkuqe (f)	[moɫəkúcɛ]
escarabajo (m) sanjuanero	vizhë (f)	[vízə]

sanguijuela (f)	shushunjë (f)	[ʃuʃúɲə]
oruga (f)	vemje (f)	[vémjɛ]
gusano (m)	krimb toke (m)	[krímb tókɛ]
larva (f)	larvë (f)	[lárvə]

La flora

142. Los árboles

árbol (m)	pemë (f)	[pémə]
foliáceo (adj)	gjethor	[ɟɛθór]
conífero (adj)	halor	[halór]
de hoja perenne	përherë të gjelbra	[pərhérə tə ɟélbra]

manzano (m)	pemë molle (f)	[pémə mółɛ]
peral (m)	pemë dardhe (f)	[pémə dárðɛ]
cerezo (m)	pemë qershie (f)	[pémə cɛrʃíɛ]
guindo (m)	pemë qershi vishnje (f)	[pémə cɛrʃí víʃɲɛ]
ciruelo (m)	pemë kumbulle (f)	[pémə kúmbułɛ]

abedul (m)	mështekna (f)	[məʃtékna]
roble (m)	lis (m)	[lis]
tilo (m)	bli (m)	[blí]
pobo (m)	plep i egër (m)	[plɛp i égər]
arce (m)	panjë (f)	[páɲə]
picea (m)	bredh (m)	[brɛð]
pino (m)	pishë (f)	[píʃə]
alerce (m)	larsh (m)	[lárʃ]
abeto (m)	bredh i bardhë (m)	[brɛð i bárðə]
cedro (m)	kedër (m)	[kédər]

álamo (m)	plep (m)	[plɛp]
serbal (m)	vadhë (f)	[váðə]
sauce (m)	shelg (m)	[ʃɛlg]
aliso (m)	verr (m)	[vɛr]
haya (f)	ah (m)	[ah]
olmo (m)	elm (m)	[élm]
fresno (m)	shelg (m)	[ʃɛlg]
castaño (m)	gështenjë (f)	[gəʃtéɲə]

magnolia (f)	manjolia (f)	[maɲólia]
palmera (f)	palma (f)	[pálma]
ciprés (m)	qiparis (m)	[ciparís]

mangle (m)	rizoforë (f)	[rizofórə]
baobab (m)	baobab (m)	[baobáb]
eucalipto (m)	eukalipt (m)	[ɛukalípt]
secoya (f)	sekuojë (f)	[sɛkuójə]

143. Los arbustos

mata (f)	shkurre (f)	[ʃkúrɛ]
arbusto (m)	kaçube (f)	[katʃúbɛ]

vid (f)	hardhi (f)	[harðí]
viñedo (m)	vreshtë (f)	[vréʃtə]

frambueso (m)	mjedër (f)	[mjédər]
grosella (f) negra	kaliboba e zezë (f)	[kalibóba ɛ zézə]
grosellero (f) rojo	kaliboba e kuqe (f)	[kalibóba ɛ kúcɛ]
grosellero (m) espinoso	shkurre kulumbrie (f)	[ʃkúrɛ kulumbríɛ]

acacia (f)	akacie (f)	[akátsiɛ]
berberís (m)	krespinë (f)	[krɛspínə]
jazmín (m)	jasemin (m)	[jasɛmín]

enebro (m)	dëllinjë (f)	[dəɬíɲə]
rosal (m)	trëndafil (m)	[trəndafíl]
escaramujo (m)	trëndafil i egër (m)	[trəndafíl i égər]

144. Las frutas. Las bayas

fruto (m)	frut (m)	[frut]
frutos (m pl)	fruta (pl)	[frúta]

manzana (f)	mollë (f)	[móɬə]
pera (f)	dardhë (f)	[dárðə]
ciruela (f)	kumbull (f)	[kúmbuɬ]

fresa (f)	luleshtrydhe (f)	[lulɛʃtrýðɛ]
guinda (f)	qershi vishnje (f)	[cɛrʃí víʃɲɛ]
cereza (f)	qershi (f)	[cɛrʃí]
uva (f)	rrush (m)	[ruʃ]

frambuesa (f)	mjedër (f)	[mjédər]
grosella (f) negra	kaliboba e zezë (f)	[kalibóba ɛ zézə]
grosella (f) roja	kaliboba e kuqe (f)	[kalibóba ɛ kúcɛ]
grosella (f) espinosa	kulumbri (f)	[kulumbrí]
arándano (m) agrio	boronica (f)	[boronítsa]

naranja (f)	portokall (m)	[portokáɬ]
mandarina (f)	mandarinë (f)	[mandarínə]
ananás (m)	ananas (m)	[ananás]
banana (f)	banane (f)	[banánɛ]
dátil (m)	hurmë (f)	[húrmə]

limón (m)	limon (m)	[limón]
albaricoque (m)	kajsi (f)	[kajsí]
melocotón (m)	pjeshkë (f)	[pjéʃkə]

kiwi (m)	kivi (m)	[kívi]
pomelo (m)	grejpfrut (m)	[grɛjpfrút]

baya (f)	manë (f)	[mánə]
bayas (f pl)	mana (f)	[mána]
arándano (m) rojo	boronicë mirtile (f)	[boronítsə mirtílɛ]
fresa (f) silvestre	luleshtrydhe e egër (f)	[lulɛʃtrýðɛ ɛ égər]
arándano (m)	boronicë (f)	[boronítsə]

145. Las flores. Las plantas

| flor (f) | lule (f) | [lúlɛ] |
| ramo (m) de flores | buqetë (f) | [bucétə] |

rosa (f)	trëndafil (m)	[trəndafíl]
tulipán (m)	tulipan (m)	[tulipán]
clavel (m)	karafil (m)	[karafíl]
gladiolo (m)	gladiolë (f)	[gladiólə]

aciano (m)	lule misri (f)	[lúlɛ mísri]
campanilla (f)	lule këmborë (f)	[lúlɛ kəmbórə]
diente (m) de león	luleradhiqe (f)	[lulɛraðícɛ]
manzanilla (f)	kamomil (m)	[kamomíl]

áloe (m)	aloe (f)	[alóɛ]
cacto (m)	kaktus (m)	[kaktús]
ficus (m)	fikus (m)	[fíkus]

azucena (f)	zambak (m)	[zambák]
geranio (m)	barbarozë (f)	[barbarózə]
jacinto (m)	zymbyl (m)	[zymbýl]

mimosa (f)	mimoza (f)	[mimóza]
narciso (m)	narcis (m)	[nartsís]
capuchina (f)	lule këmbore (f)	[lúlɛ kəmbórɛ]

orquídea (f)	orkide (f)	[orkidé]
peonía (f)	bozhure (f)	[boʒúrɛ]
violeta (f)	vjollcë (f)	[vjóɫtsə]

trinitaria (f)	lule vjollca (f)	[lúlɛ vjóɫtsa]
nomeolvides (f)	mosmëharro (f)	[mosməharó]
margarita (f)	margaritë (f)	[margarítə]

amapola (f)	lulëkuqe (f)	[luləkúcɛ]
cáñamo (m)	kërp (m)	[kə́rp]
menta (f)	mendër (f)	[méndər]

| muguete (m) | zambak i fushës (m) | [zambák i fúʃəs] |
| campanilla (f) de las nieves | luleborë (f) | [lulɛbórə] |

ortiga (f)	hithra (f)	[híθra]
acedera (f)	lëpjeta (f)	[ləpjéta]
nenúfar (m)	zambak uji (m)	[zambák úji]
helecho (m)	fier (m)	[fíɛr]
liquen (m)	likene (f)	[likénɛ]

invernadero (m) tropical	serrë (f)	[sérə]
césped (m)	lëndinë (f)	[ləndínə]
macizo (m) de flores	kënd lulishteje (m)	[kənd lulíʃtɛjɛ]

planta (f)	bimë (f)	[bímə]
hierba (f)	bar (m)	[bar]
hoja (f) de hierba	fije bari (f)	[fíjɛ bári]

hoja (f)	gjeth (m)	[ɟɛθ]
pétalo (m)	petale (f)	[pɛtálɛ]
tallo (m)	bisht (m)	[biʃt]
tubérculo (m)	zhardhok (m)	[ʒarðók]

| retoño (m) | filiz (m) | [filíz] |
| espina (f) | gjemb (m) | [ɟémb] |

florecer (vi)	lulëzoj	[luləzój]
marchitarse (vr)	vyshket	[výʃkɛt]
olor (m)	aromë (f)	[arómə]
cortar (vt)	pres lulet	[prɛs lúlɛt]
coger (una flor)	mbledh lule	[mbléð lúlɛ]

146. Los cereales, los granos

grano (m)	drithë (m)	[dríθə]
cereales (m pl) (plantas)	drithëra (pl)	[dríθəra]
espiga (f)	kaush (m)	[kaúʃ]

trigo (m)	grurë (f)	[grúrə]
centeno (m)	thekër (f)	[θékər]
avena (f)	tërshërë (f)	[tərʃérə]
mijo (m)	mel (m)	[mɛl]
cebada (f)	elb (m)	[ɛlb]

maíz (m)	misër (m)	[mísər]
arroz (m)	oriz (m)	[oríz]
alforfón (m)	hikërr (m)	[híkər]

guisante (m)	bizele (f)	[bizélɛ]
fréjol (m)	groshë (f)	[gróʃə]
soya (f)	sojë (f)	[sójə]
lenteja (f)	thjerrëz (f)	[θjérəz]
habas (f pl)	fasule (f)	[fasúlɛ]

LOS PAÍSES. LAS NACIONALIDADES

147. Europa occidental

Europa (f)	Evropa (f)	[εvrópa]
Unión (f) Europea	Bashkimi Evropian (m)	[baʃkími εvropián]

Austria (f)	Austri (f)	[austrí]
Gran Bretaña (f)	Britani e Madhe (f)	[brítani ε máðε]
Inglaterra (f)	Angli (f)	[aŋlí]
Bélgica (f)	Belgjikë (f)	[bεʎíkə]
Alemania (f)	Gjermani (f)	[ɟεrmaní]

Países Bajos (m pl)	Holandë (f)	[holándə]
Holanda (f)	Holandë (f)	[holándə]
Grecia (f)	Greqi (f)	[grεcí]
Dinamarca (f)	Danimarkë (f)	[danimárkə]
Irlanda (f)	Irlandë (f)	[irlándə]
Islandia (f)	Islandë (f)	[islándə]

España (f)	Spanjë (f)	[spáɲə]
Italia (f)	Itali (f)	[italí]
Chipre (m)	Qipro (f)	[cípro]
Malta (f)	Maltë (f)	[máltə]

Noruega (f)	Norvegji (f)	[norvεɟí]
Portugal (f)	Portugali (f)	[portugalí]
Finlandia (f)	Finlandë (f)	[finlándə]
Francia (f)	Francë (f)	[frántsə]

Suecia (f)	Suedi (f)	[suεdí]
Suiza (f)	Zvicër (f)	[zvítsər]
Escocia (f)	Skoci (f)	[skotsí]

Vaticano (m)	Vatikan (m)	[vatikán]
Liechtenstein (m)	Lichtenstein (m)	[litshtεnstéin]
Luxemburgo (m)	Luksemburg (m)	[luksεmbúrg]
Mónaco (m)	Monako (f)	[monáko]

148. Europa central y oriental

Albania (f)	Shqipëri (f)	[ʃcipərí]
Bulgaria (f)	Bullgari (f)	[buɫgarí]
Hungría (f)	Hungari (f)	[huŋarí]
Letonia (f)	Letoni (f)	[lεtoní]

Lituania (f)	Lituani (f)	[lituaní]
Polonia (f)	Poloni (f)	[poloní]

Rumania (f)	Rumani (f)	[rumaní]
Serbia (f)	Serbi (f)	[sɛrbí]
Eslovaquia (f)	Sllovaki (f)	[słovakí]
Croacia (f)	Kroaci (f)	[kroatsí]
Chequia (f)	Republika Çeke (f)	[rɛpublíka tʃékɛ]
Estonia (f)	Estoni (f)	[ɛstoní]
Bosnia y Herzegovina	Bosnje Herzegovina (f)	[bósɲɛ hɛrzɛgovína]
Macedonia	Maqedonia (f)	[macɛdonía]
Eslovenia	Sllovenia (f)	[słovɛnía]
Montenegro (m)	Mali i Zi (m)	[máli i zí]

149. Los países de la antes Unión Soviética

Azerbaidzhán (m)	Azerbajxhan (m)	[azɛrbajdʒán]
Armenia (f)	Armeni (f)	[armɛní]
Bielorrusia (f)	Bjellorusi (f)	[bjɛłorusí]
Georgia (f)	Gjeorgji (f)	[ɟeoɲji]
Kazajstán (m)	Kazakistan (m)	[kazakistán]
Kirguizistán (m)	Kirgistan (m)	[kirgistán]
Moldavia (f)	Moldavi (f)	[moldaví]
Rusia (f)	Rusi (f)	[rusí]
Ucrania (f)	Ukrainë (f)	[ukraínə]
Tayikistán (m)	Taxhikistan (m)	[tadʒikistán]
Turkmenia (f)	Turkmenistan (m)	[turkmɛnistán]
Uzbekistán (m)	Uzbekistan (m)	[uzbɛkistán]

150. Asia

Asia (f)	Azia (f)	[azía]
Vietnam (m)	Vietnam (m)	[viɛtnám]
India (f)	Indi (f)	[indí]
Israel (m)	Izrael (m)	[izraél]
China (f)	Kinë (f)	[kínə]
Líbano (m)	Liban (m)	[libán]
Mongolia (f)	Mongoli (f)	[moŋolí]
Malasia (f)	Malajzi (f)	[malajzí]
Pakistán (m)	Pakistan (m)	[pakistán]
Arabia (f) Saudita	Arabia Saudite (f)	[arabía saudítɛ]
Tailandia (f)	Tajlandë (f)	[tajlándə]
Taiwán (m)	Tajvan (m)	[tajván]
Turquía (f)	Turqi (f)	[turcí]
Japón (m)	Japoni (f)	[japoní]
Afganistán (m)	Afganistan (m)	[afganistán]
Bangladesh (m)	Bangladesh (m)	[baŋladéʃ]

| Indonesia (f) | Indonezi (f) | [indonɛzí] |
| Jordania (f) | Jordani (f) | [jordaní] |

Irak (m)	Irak (m)	[irak]
Irán (m)	Iran (m)	[irán]
Camboya (f)	Kamboxhia (f)	[kambódʒia]
Kuwait (m)	Kuvajt (m)	[kuvájt]

Laos (m)	Laos (m)	[láos]
Myanmar (m)	Mianmar (m)	[mianmár]
Nepal (m)	Nepal (m)	[nɛpál]
Emiratos (m pl) Árabes Unidos	Emiratet e Bashkuara Arabe (pl)	[ɛmirátɛt ɛ baʃkúara arábɛ]

| Siria (f) | Siri (f) | [sirí] |
| Palestina (f) | Palestinë (f) | [palɛstínə] |

| Corea (f) del Sur | Korea e Jugut (f) | [koréa ɛ júgut] |
| Corea (f) del Norte | Korea e Veriut (f) | [koréa ɛ vériut] |

151. América del Norte

Estados Unidos de América (m pl)	Shtetet e Bashkuara të Amerikës	[ʃtétɛt ɛ baʃkúara tə amɛríkəs]
Canadá (f)	Kanada (f)	[kanadá]
Méjico (m)	Meksikë (f)	[mɛksíkə]

152. Centroamérica y Sudamérica

Argentina (f)	Argjentinë (f)	[arɟɛntínə]
Brasil (f)	Brazil (m)	[brazíl]
Colombia (f)	Kolumbi (f)	[kolumbí]

| Cuba (f) | Kuba (f) | [kúba] |
| Chile (m) | Kili (m) | [kíli] |

| Bolivia (f) | Bolivi (f) | [boliví] |
| Venezuela (f) | Venezuelë (f) | [vɛnɛzuélə] |

| Paraguay (m) | Paraguai (m) | [paraguái] |
| Perú (m) | Peru (f) | [pɛrú] |

Surinam (m)	Surinam (m)	[surinám]
Uruguay (m)	Uruguai (m)	[uruguái]
Ecuador (m)	Ekuador (m)	[ɛkuadór]

| Islas (f pl) Bahamas | Bahamas (m) | [bahámas] |
| Haití (m) | Haiti (m) | [haíti] |

República (f) Dominicana	Republika Dominikane (f)	[rɛpublíka dominikánɛ]
Panamá (f)	Panama (f)	[panamá]
Jamaica (f)	Xhamajka (f)	[dʒamájka]

153. África

Egipto (m)	Egjipt (m)	[εʝípt]
Marruecos (m)	Marok (m)	[marók]
Túnez (m)	Tunizi (f)	[tunizí]

Ghana (f)	Gana (f)	[gána]
Zanzíbar (m)	Zanzibar (m)	[zanzibár]
Kenia (f)	Kenia (f)	[kénia]
Libia (f)	Libia (f)	[libía]
Madagascar (m)	Madagaskar (m)	[madagaskár]

Namibia (f)	Namibia (f)	[namíbia]
Senegal	Senegal (m)	[sεnεgál]
Tanzania (f)	Tanzani (f)	[tanzaní]
República (f) Sudafricana	Afrika e Jugut (f)	[afríka ε júgut]

154. Australia. Oceanía

| Australia (f) | Australia (f) | [australía] |
| Nueva Zelanda (f) | Zelandë e Re (f) | [zεlándə ε ré] |

| Tasmania (f) | Tasmani (f) | [tasmaní] |
| Polinesia (f) Francesa | Polinezia Franceze (f) | [polinεzía frantsézε] |

155. Las ciudades

Ámsterdam	Amsterdam (m)	[amstεrdám]
Ankara	Ankara (f)	[ankará]
Atenas	Athinë (f)	[aθínə]

Bagdad	Bagdad (m)	[bagdád]
Bangkok	Bangkok (m)	[baŋkók]
Barcelona	Barcelonë (f)	[bartsεlónə]
Beirut	Bejrut (m)	[bεjrút]
Berlín	Berlin (m)	[bεrlín]

Bombay	Mumbai (m)	[mumbái]
Bonn	Bon (m)	[bon]
Bratislava	Bratislavë (f)	[bratislávə]
Bruselas	Bruksel (m)	[bruksél]
Bucarest	Bukuresht (m)	[bukuréʃt]
Budapest	Budapest (m)	[budapést]
Burdeos	Bordo (f)	[bordó]

El Cairo	Kajro (f)	[kájro]
Calcuta	Kalkutë (f)	[kalkútə]
Chicago	Çikago (f)	[tʃikágo]
Copenhague	Kopenhagen (m)	[kopεnhágεn]
Dar-es-Salam	Dar es Salam (m)	[dar εs salám]
Delhi	Delhi (f)	[délhi]

Dubai	Dubai (m)	[dubái]
Dublín	Dublin (m)	[dúblin]
Dusseldorf	Dyseldorf (m)	[dysɛldórf]
Estambul	Stamboll (m)	[stambóɫ]
Estocolmo	Stokholm (m)	[stokhólm]
Florencia	Firence (f)	[firéntsɛ]
Fráncfort del Meno	Frankfurt (m)	[frankfúrt]
Ginebra	Gjenevë (f)	[ɟɛnévə]
La Habana	Havana (f)	[havána]
Hamburgo	Hamburg (m)	[hambúrg]
Hanói	Hanoi (m)	[hanói]
La Haya	Hagë (f)	[hágə]
Helsinki	Helsinki (m)	[hɛlsínki]
Hiroshima	Hiroshimë (f)	[hiroʃímə]
Hong Kong (m)	Hong Kong (m)	[hoŋ kóŋ]
Jerusalén	Jerusalem (m)	[jɛrusalém]
Kiev	Kiev (m)	[kíɛv]
Kuala Lumpur	Kuala Lumpur (m)	[kuála lumpúr]
Lisboa	Lisbonë (f)	[lisbónə]
Londres	Londër (f)	[lóndər]
Los Ángeles	Los Anxhelos (m)	[lós andʒɛlós]
Lyon	Lion (m)	[lión]
Madrid	Madrid (m)	[madríd]
Marsella	Marsejë (f)	[marséjə]
Méjico	Meksiko Siti (m)	[méksiko síti]
Miami	Majami (m)	[majámi]
Montreal	Montreal (m)	[montrɛál]
Moscú	Moskë (f)	[móskə]
Munich	Munih (m)	[muníh]
Nairobi	Najrobi (m)	[najróbi]
Nápoles	Napoli (m)	[nápoli]
Niza	Nisë (m)	[nísə]
Nueva York	Nju Jork (m)	[ɲu jork]
Oslo	oslo (f)	[óslo]
Ottawa	Otava (f)	[otáva]
París	Paris (m)	[parís]
Pekín	Pekin (m)	[pɛkín]
Praga	Pragë (f)	[prágə]
Río de Janeiro	Rio de Zhaneiro (m)	[río dɛ ʒanéiro]
Roma	Romë (f)	[rómə]
San Petersburgo	Shën Petersburg (m)	[ʃən pɛtɛrsbúrg]
Seúl	Seul (m)	[sɛúl]
Shanghái	Shangai (m)	[ʃaŋái]
Singapur	Singapor (m)	[siŋapór]
Sydney	Sidney (m)	[sidnéy]
Taipei	Taipei (m)	[taipéi]
Tokio	Tokio (f)	[tókio]

Toronto	Toronto (f)	[torónto]
Varsovia	Varshavë (f)	[varʃávə]
Venecia	Venecia (f)	[vɛnétsia]
Viena	Vjenë (f)	[vjénə]
Washington	Uashington (m)	[vaʃiŋtón]

www.ingramcontent.com/pod-product-compliance
Lightning Source LLC
Chambersburg PA
CBHW070601050426
42450CB00011B/2939